公益財団法人 日本漢字能力検定協会

漢検

改訂四版

漢検 漢字学習 ステップ

漢字練習ノート

別冊(べっさつ)

付・「総まとめ」答案用紙

6級

「漢字練習ノート」は、
別冊になっています。
とりはずして使って
ください。

※「漢字練習ノート」をとじているはり金でけがをしないよう、
気をつけてください。

漢検 公益財団法人 日本漢字能力検定協会

700406 (1-5)

漢字表は本文 11 ページにあります

易	衛	営	永	因	移	囲	圧
易	衛	営	永	因	移	囲	圧
易	衛	営	永	因	移	囲	圧

漢字表は本文 15 ページにあります

	可	桜	往	応	演	液	益
	可	桜	往	応	演	液	益
	可	桜	往	応	演	液	益

ステップ 3

漢字表は本文 19 ページにあります

	格	解	快	過	河	価	仮
	格	解	快	過	河	価	仮
	格	解	快	過	河	価	仮

ステップ 4

漢字表は本文23ページにあります

	紀	眼	慣	幹	刊	額	確
	紀	眼	慣	幹	刊	額	確
	紀	眼	慣	幹	刊	額	確

ステップ 5

漢字表は本文 27 ページにあります

	逆	義	技	喜	規	寄	基
	逆	義	技	喜	規	寄	基
	逆	義	技	喜	規	寄	基

漢字表は本文 35 ページにあります

禁	均	境	許	居	救	旧	久
禁	均	境	許	居	救	旧	久
禁	均	境	許	居	救	旧	久

漢字表は本文 39 ページにあります

	検	険	件	潔	経	型	句
	検	険	件	潔	経	型	句
	検	険	件	潔	経	型	句

ステップ 8

漢字表は本文 43 ページにあります

	効	護	個	故	減	現	限
	効	護	個	故	減	現	限
	効	護	個	故	減	現	限

ステップ 9

漢字表は本文 47 ページにあります

告	講	興	構	鉱	航	耕	厚
告	講	興	構	鉱	航	耕	厚
告	講	興	構	鉱	航	耕	厚

漢字表は本文 51 ページにあります

在	際	採	妻	災	再	査	混
在	際	採	妻	災	再	査	混
在	際	採	妻	災	再	査	混

漢字表は本文 59 ページにあります

支	士	賛	酸	雑	殺	罪	財
支	士	賛	酸	雑	殺	罪	財
支	士	賛	酸	雑	殺	罪	財

漢字表は本文 63 ページにあります

似	示	飼	資	師	枝	志	史
似	示	飼	資	師	枝	志	史
似	示	飼	資	師	枝	志	史

ステップ 13

漢字表は本文 67 ページにあります

	述	修	授	謝	舎	質	識
	述	修	授	謝	舎	質	識
	述	修	授	謝	舎	質	識

漢字表は本文 71 ページにあります

条	賞	象	証	招	序	準	術
条	賞	象	証	招	序	準	術
条	賞	象	証	招	序	準	術

漢字表は本文 75 ページにあります

	性	制	職	織	情	常	状
	性	制	職	織	情	常	状
	性	制	職	織	情	常	状

漢字表は本文 83 ページにあります

績	責	税	製	精	勢	政
績	責	税	製	精	勢	政
績	責	税	製	精	勢	政

漢字表は本文 87 ページにあります

	造	総	素	祖	絶	設	接
	造	総	素	祖	絶	設	接
	造	総	素	祖	絶	設	接

漢字表は本文 91 ページにあります

	損	率	属	測	則	増	像
	損	率	属	測	則	増	像
	損	率	属	測	則	増	像

漢字表は本文 95 ページにあります

	張	貯	築	断	団	態	貸
	張	貯	築	断	団	態	貸
	張	貯	築	断	団	態	貸

漢字表は本文 99 ページにあります

	銅	堂	統	適	程	提	停
	銅	堂	統	適	程	提	停
	銅	堂	統	適	程	提	停

漢字表は本文 109 ページにあります

	能	燃	任	独	毒	得	導
	能	燃	任	独	毒	得	導
	能	燃	任	独	毒	得	導

漢字表は本文 113 ページにあります

費	非	肥	比	版	判	犯	破
費	非	肥	比	版	判	犯	破
費	非	肥	比	版	判	犯	破

漢字表は本文 117 ページにあります

複	復	武	婦	布	貧	評	備
複	復	武	婦	布	貧	評	備
複	復	武	婦	布	貧	評	備

漢字表は本文 121 ページにあります

	報	墓	保	弁	編	粉	仏
	報	墓	保	弁	編	粉	仏
	報	墓	保	弁	編	粉	仏

漢字表は本文 125 ページにあります

迷	夢	務	脈	暴	貿	防	豊
迷	夢	務	脈	暴	貿	防	豊
迷	夢	務	脈	暴	貿	防	豊

漢字表は本文 129 ページにあります

歴	領	留	略	容	余	輸	綿
歴	領	留	略	容	余	輸	綿
歴	領	留	略	容	余	輸	綿

6級 総まとめ 答案用紙

※実際の検定での用紙の大きさとは異なります。

(一) 読み (20) 1×20

10	9	8	7	6	5	4	3	2	1

(二) 漢字と送りがな(ひらがな) (10) 2×5

5	4	3	2	1

(四) 画数(算用数字) (10) 1×10

10	9	8	7	6	5	4	3	2	1

(六) 三字のじゅく語(一字) (20) 2×10

10	9	8	7	6	5	4	3	2	1

(八) じゅく語作り(記号) (12) 2×6

6	5	4	3	2	1

(九) 音と訓(記号) (20) 2×10

7	6	5	4	3	2	1

(十) 漢字 (40) 2×20

10	9	8	7	6	5	4	3	2	1

総得点 /200

20	19	18	17	16	15	14	13	12	11

(三) 部首名と部首 (10)

10	9	8	7	6	5	4	3	2	1

1×10

(五) じゅく語の構成（記号） (20)

10	9	8	7	6	5	4	3	2	1

2×10

(七) 対義語・類義語（一字） (20)

10	9	8	7	6	5	4	3	2	1

2×10

10	9	8

(十) 同じ読みの漢字 (18)

9	8	7	6	5	4	3	2	1

2×9

20	19	18	17	16	15	14	13	12	11

漢字って楽しい!

鳴
口　鳥

人　木
休

漢字の歴史は三千年以上とも
いわれています。
最初は、簡単な絵文字でした。
そのうち、それらを
組み合わせて、新しい漢字が
作られたのです。
一字一字の漢字に歴史がある、
そう思うと、漢字の学習が
楽しくなってきませんか。

「漢検」級別 主な出題内容

10級 …対象漢字数 80字
漢字の読み／漢字の書取／筆順・画数

9級 …対象漢字数 240字
漢字の読み／漢字の書取／筆順・画数

8級 …対象漢字数 440字
漢字の読み／漢字の書取／部首・部首名／筆順・画数／送り仮名／対義語／同じ漢字の読み

7級 …対象漢字数 642字
漢字の読み／漢字の書取／部首・部首名／筆順・画数／送り仮名／対義語／同音異字／三字熟語

6級 …対象漢字数 835字
漢字の読み／漢字の書取／部首・部首名／筆順・画数／送り仮名／対義語・類義語／同音・同訓異字／三字熟語／熟語の構成

5級 …対象漢字数 1026字
漢字の読み／漢字の書取／部首・部首名／筆順・画数／送り仮名／対義語・類義語／同音・同訓異字／誤字訂正／四字熟語／熟語の構成

4級 …対象漢字数 1339字
漢字の読み／漢字の書取／部首・部首名／送り仮名／対義語・類義語／同音・同訓異字／誤字訂正／四字熟語／熟語の構成

3級 …対象漢字数 1623字
漢字の読み／漢字の書取／部首・部首名／送り仮名／対義語・類義語／同音・同訓異字／誤字訂正／四字熟語／熟語の構成

準2級 …対象漢字数 1951字
漢字の読み／漢字の書取／部首・部首名／送り仮名／対義語・類義語／同音・同訓異字／誤字訂正／四字熟語／熟語の構成

2級 …対象漢字数 2136字
漢字の読み／漢字の書取／部首・部首名／送り仮名／対義語・類義語／同音・同訓異字／誤字訂正／四字熟語／熟語の構成

準1級 …対象漢字数 約3000字
漢字の読み／漢字の書取／故事・諺／対義語・類義語／同音・同訓異字／誤字訂正／四字熟語

1級 …対象漢字数 約6000字
漢字の読み／漢字の書取／故事・諺／対義語・類義語／同音・同訓異字／誤字訂正／四字熟語

※ここに示したのは出題分野の一例です。毎回すべての分野から出題されるとは限りません。また、このほかの分野から出題されることもあります。

日本漢字能力検定採点基準 最終改定：平成25年4月1日

❶ 採点の対象
筆画を正しく、明確に書かれた字を採点の対象とし、くずした字や、乱雑に書かれた字は採点の対象外とする。

❷ 字種・字体
① 2～10級の解答は、内閣告示「常用漢字表」（平成二十二年）による。ただし、旧字体での解答は正答とは認めない。
② 1級および準1級の解答は、『漢検要覧 1／準1級対応』（公益財団法人日本漢字能力検定協会発行）に示す「標準字体」「許容字体」「旧字体一覧表」による。

❸ 読み
① 2～10級の解答は、内閣告示「常用漢字表」（平成二十二年）による。
② 1級および準1級の解答には、①の規定は適用しない。

❹ 仮名遣い
仮名遣いは、内閣告示「現代仮名遣い」による。

❺ 送り仮名
送り仮名は、内閣告示「送り仮名の付け方」による。

❻ 部首
部首は、『漢検要覧 2～10級対応』（公益財団法人日本漢字能力検定協会発行）収録の「部首一覧表と部首別の常用漢字」による。

❼ 筆順
筆順の原則は、文部省編『筆順指導の手びき』（昭和三十三年）による。常用漢字一字一字の筆順は、『漢検要覧 2～10級対応』収録の「常用漢字の筆順一覧」による。

❽ 合格基準

級	満点	合格
1級／準1級／2級	二〇〇点	八〇％程度
準2級／3級／4級／5級／6級／7級	二〇〇点	七〇％程度
8級／9級／10級	一五〇点	八〇％程度

※部首、筆順は『漢検 漢字学習ステップ』など公益財団法人日本漢字能力検定協会発行図書でも参照できます。

日本漢字能力検定審査基準

10級

程度　小学校第1学年の学習漢字を理解し、文や文章の中で使える。

領域・内容

《読むことと書くこと》　小学校学年別漢字配当表の第1学年の学習漢字を読み、書くことができる。

《筆順》　点画の長短、接し方や交わり方、筆順および総画数を理解している。

9級

程度　小学校第2学年までの学習漢字を理解し、文や文章の中で使える。

領域・内容

《読むことと書くこと》　小学校学年別漢字配当表の第2学年までの学習漢字を読み、書くことができる。

《筆順》　点画の長短、接し方や交わり方、筆順および総画数を理解している。

8級

程度　小学校第3学年までの学習漢字を理解し、文や文章の中で使える。

領域・内容

《読むことと書くこと》　小学校学年別漢字配当表の第3学年までの学習漢字を読み、書くことができる。

- 音読みと訓読みとを理解していること
- 送り仮名に注意して正しく書けること（食べる、楽しい、後ろ　など）
- 対義語の大体を理解していること（勝つ―負ける、重い―軽い　など）
- 同音異字を理解していること（反対、体育、期待、太陽　など）

《筆順》　筆順、総画数を正しく理解している。

《部首》　主な部首を理解している。

7級

程度　小学校第4学年までの学習漢字を理解し、文章の中で正しく使える。

領域・内容

《読むことと書くこと》　小学校学年別漢字配当表の第4学年までの学習漢字を読み、書くことができる。

- 音読みと訓読みとを正しく理解していること
- 送り仮名に注意して正しく書けること（等しい、短い、流れる　など）
- 熟語の構成を知っていること
- 対義語の大体を理解していること（入学―卒業、成功―失敗　など）
- 同音異字を理解していること（健康、高校、公共、外交　など）

《筆順》　筆順、総画数を正しく理解している。

《部首》　部首を理解している。

6級

程度 小学校第5学年までの学習漢字を理解し、文章の中で漢字が果たしている役割を知り、正しく使える。

領域・内容

《読むことと書くこと》 小学校学年別漢字配当表の第5学年までの学習漢字を読み、書くことができる。

- 音読みと訓読みとを正しく理解していること
- 送り仮名や仮名遣いに注意して正しく書けること（求める、失う　など）
- 熟語の構成を知っていること（上下、絵画、大木、読書、不明　など）
- 対義語、類義語の大体を理解していること（禁止―許可、平等―均等　など）
- 同音・同訓異字を正しく理解していること

《筆順》 筆順、総画数を正しく理解している。

《部首》 部首を理解している。

5級

程度 小学校第6学年までの学習漢字を理解し、文章の中で漢字が果たしている役割に対する知識を身に付け、漢字を文章の中で適切に使える。

領域・内容

《読むことと書くこと》 小学校学年別漢字配当表の第6学年までの学習漢字を読み、書くことができる。

- 音読みと訓読みとを正しく理解していること
- 送り仮名や仮名遣いに注意して正しく書けること
- 熟語の構成を知っていること
- 対義語、類義語を正しく理解していること
- 同音・同訓異字を正しく理解していること

《四字熟語》 四字熟語を正しく理解している（有名無実、郷土芸能　など）。

《筆順》 筆順、総画数を正しく理解している。

《部首》 部首を理解し、識別できる。

4級

程度 常用漢字のうち約1300字を理解し、文章の中で適切に使える。

領域・内容

《読むことと書くこと》 小学校学年別漢字配当表のすべての漢字と、その他の常用漢字約300字の読み書きを習得し、文章の中で適切に使える。

- 音読みと訓読みとを正しく理解していること
- 送り仮名や仮名遣いに注意して正しく書けること
- 熟語の構成を正しく理解していること
- 熟字訓、当て字を理解していること（小豆／あずき、土産／みやげ　など）
- 対義語、類義語、同音・同訓異字を正しく理解していること

《四字熟語》 四字熟語を理解している。

《部首》 部首を識別し、漢字の構成と意味を理解している。

3級

程度 常用漢字のうち約1600字を理解し、文章の中で適切に使える。

領域・内容

《読むことと書くこと》 小学校学年別漢字配当表のすべての漢字と、その他の常用漢字約600字の読み書きを習得し、文章の中で適切に使える。

- 音読みと訓読みとを正しく理解していること
- 送り仮名や仮名遣いに注意して正しく書けること
- 熟語の構成を正しく理解していること
- 熟字訓、当て字を理解していること（乙女／おとめ、風邪／かぜ　など）
- 対義語、類義語、同音・同訓異字を正しく理解していること

《四字熟語》 四字熟語を理解している。

《部首》 部首を識別し、漢字の構成と意味を理解している。

※常用漢字とは、平成22年（2010年）11月30日付内閣告示による「常用漢字表」に示された2136字をいう。

準2級

程度　常用漢字のうち1951字を理解し、文章の中で適切に使える。

領域・内容

《読むことと書くこと》　1951字の漢字の読み書きを習得し、文章の中で適切に使える。

- 音読みと訓読みとを正しく理解していること
- 送り仮名や仮名遣いに注意して正しく書けること
- 熟語の構成を正しく理解していること
- 熟字訓、当て字を理解していること（硫黄／いおう、相撲／すもう　など）
- 対義語、類義語、同音・同訓異字を正しく理解していること

《四字熟語》　典拠のある四字熟語を理解している（驚天動地、孤立無援　など）。

《部首》　部首を識別し、漢字の構成と意味を理解している。

※1951字とは、昭和56年（1981年）10月1日付内閣告示による旧「常用漢字表」の1945字から「勺」「錘」「銑」「脹」「匁」の5字を除いたものに、現行の「常用漢字表」のうち、「茨」「媛」「岡」「熊」「埼」「鹿」「栃」「奈」「梨」「阪」「阜」の11字を加えたものを指す。

2級

程度　すべての常用漢字を理解し、文章の中で適切に使える。

領域・内容

《読むことと書くこと》　すべての常用漢字の読み書きに習熟し、文章の中で適切に使える。

- 音読みと訓読みとを正しく理解していること
- 送り仮名や仮名遣いに注意して正しく書けること
- 熟語の構成を正しく理解していること
- 熟字訓、当て字を理解していること（海女／あま、玄人／くろうと　など）
- 対義語、類義語、同音・同訓異字などを正しく理解していること

《四字熟語》　典拠のある四字熟語を理解している（鶏口牛後、呉越同舟　など）。

《部首》　部首を識別し、漢字の構成と意味を理解している。

準1級

程度　常用漢字を含めて、約3000字の漢字の音・訓を理解し、文章の中で適切に使える。

領域・内容

《読むことと書くこと》　常用漢字の音・訓を含めて、約3000字の漢字の読み書きに慣れ、文章の中で適切に使える。

- 熟字訓、当て字を理解していること
- 対義語、類義語、同音・同訓異字などを理解していること
- 国字を理解していること（峠、凧、畠　など）
- 複数の漢字表記について理解していること（國―国、交叉―交差　など）

《四字熟語・故事・諺》　典拠のある四字熟語、故事成語・諺を正しく理解している。

《古典的文章》　古典的文章の中での漢字・漢語を理解している。

※約3000字の漢字は、JIS第一水準を目安とする。

1級

程度　常用漢字を含めて、約6000字の漢字の音・訓を理解し、文章の中で適切に使える。

領域・内容

《読むことと書くこと》　常用漢字の音・訓を含めて、約6000字の漢字の読み書きに慣れ、文章の中で適切に使える。

- 熟字訓、当て字を理解していること
- 対義語、類義語、同音・同訓異字などを理解していること
- 国字を理解していること（怺える、毟る　など）
- 地名・国名などの漢字表記（当て字の一種）を知っていること
- 複数の漢字表記について理解していること（鹽―塩、颱風―台風　など）

《四字熟語・故事・諺》　典拠のある四字熟語、故事成語・諺を正しく理解している。

《古典的文章》　古典的文章の中での漢字・漢語を理解している。

※約6000字の漢字は、JIS第一・第二水準を目安とする。

※常用漢字とは、平成22年（2010年）11月30日付内閣告示による「常用漢字表」に示された2136字をいう。

個人受検を申し込まれる皆さまへ

協会ホームページのご案内

検定に関する最新の情報（申込方法やお支払い方法など）は、公益財団法人　日本漢字能力検定協会**ホームページ https://www.kanken.or.jp/** をご確認ください。

なお、下記の二次元コードから、ホームページへ簡単にアクセスできます。

受検規約について

受検を申し込まれる皆さまは、「日本漢字能力検定 受検規約（漢検PBT）」の適用があることを同意のうえ、検定の申し込みをしてください。受検規約は協会のホームページでご確認いただけます。

1 受検級を決める

受検資格　制限はありません

実施級　1、準1、2、準2、3、4、5、6、7、8、9、10級

検定会場　全国主要都市約170か所に設置（実施地区は検定の回ごとに決定）

検定時間　ホームページにてご確認ください。

2 検定に申し込む

インターネットにてお申し込みください。

注意

①家族・友人と同じ会場での受検を希望する方は、検定料のお支払い完了後、申込締切日の2営業日後までに協会（お問い合わせフォーム）までお知らせください。

②障がいがあるなど、身体的・精神的な理由により、受検上の配慮を希望される方は、申込締切日までに協会（お問い合わせフォーム）までご相談ください（申込締切日以降のお申し出には対応できかねます）。

③申込締切日以降は、受検級・受検地を含む内容変更および取り消し・返金は、いかなる場合もできません。また、次回以降の振り替え、団体受検や漢検CBTへの変更もできません。

団体受検の申し込み

自分の学校や企業などの団体で志願者が一定以上集まると、団体単位で受検の申し込みができる「団体受検」という制度もあります。団体受検申込を扱っているかどうかは先生や人事関係の担当者に確認してください。

3 受検票が届く

受検票は検定日の約1週間前から順次お届けします。

注意

①1、準1、2、準2級の方は、後日届く受検票に顔写真（タテ4㎝×ヨコ3㎝、6か月以内に撮影、上半身無帽、正面）を貼り付け、会場に当日持参してください。（当日回収・返却不可）

②3級～10級の方は顔写真は不要です。

4 検定日当日

持ち物　受検票、鉛筆（HB、B、2Bの鉛筆またはシャープペンシル）、消しゴム

※ボールペン、万年筆などの使用は認められません。ルーペ持ち込み可。

注意

①会場への車での来場（送迎を含む）は、交通渋滞の原因や近隣の迷惑になりますので固くお断りします。

②検定開始時刻の15分前を目安に受検教室までお越しください。答案用紙の記入方法などを説明します。

③携帯電話やゲーム、電子辞書などは、電源を切り、かばんにしまってから入場してください。

④検定中は受検票を机の上に置いてください。

⑤答案用紙には、あらかじめ名前や生年月日などが印字されています。

⑥検定日の約5日後に漢検ホームページにて標準解答を公開します。

5 合否の通知

検定日の約40日後に、受検者全員に「検定結果通知」を郵送します。合格者には「合格証書」・「合格証明書」を同封します。

欠席者には検定問題と標準解答をお送りします。

受検票は検定結果が届くまで大切に保管してください。

進学・就職に有利！
合格者全員に合格証明書発行

大学・短大の推薦入試の提出書類に、また就職の際の履歴書に添付してあなたの漢字能力をアピールしてください。合格者全員に、合格証書と共に合格証明書を2枚、無償でお届けいたします。

合格証明書が追加で必要な場合は有償で再発行できます。

申請方法はホームページにてご確認ください。

お問い合わせ窓口

電話番号　フリーコール　**0120-509-315**（無料）

（海外からはご利用いただけません。ホームページよりメールでお問い合わせください。）

お問い合わせ時間　月～金　9時00分～17時00分

（祝日・お盆・年末年始を除く）

※公開会場検定日とその前日の土曜は開設

※検定日は9時00分～18時00分

メールフォーム　https://www.kanken.or.jp/kanken/contact/

「漢検」受検の際の注意点

【字の書き方】

問題の答えは楷書で大きくはっきり書きなさい。乱雑な字や続け字、また、行書体や草書体のようにくずした字は採点の対象とはしません。

特に漢字の書き取り問題では、答えの文字は教科書体をもとにして、はねるところ、とめるところなどもはっきり書きましょう。また、画数に注意して、一画一画を正しく、明確に書きなさい。

《例》

○熱　×熱

○言　×言

○糸　×糸

【字種・字体について】

(1)日本漢字能力検定2～10級においては、「常用漢字表」に示された字種で書きなさい。つまり、表外漢字（常用漢字表にない漢字）を用いると、正答とは認められません。

《例》

○交差点　×交叉点　（「叉」が表外漢字）

○寂しい　×淋しい　（「淋」が表外漢字）

(2)日本漢字能力検定2～10級においては、「常用漢字表」に示された字体で書きなさい。なお、「常用漢字表」に参考として示されている康熙（こうき）字典体など、旧字体と呼ばれているものを用いると、正答とは認められません。

《例》

○真　×眞

○渉　×涉

○飲　×飮

○迫　×迫

○弱　×弱

(3)一部例外として、平成22年告示「常用漢字表」で追加された字種で、許容字体として認められているものや、その筆写文字と印刷文字との差が習慣の相違に基づくとみなせるものは正答と認めます。

《例》

餌 ⬇ 餌　と書いても可

遜 ⬇ 遜　と書いても可

葛 ⬇ 葛　と書いても可

溺 ⬇ 溺　と書いても可

箸 ⬇ 箸　と書いても可

注意

(3)において、どの漢字が当てはまるかなど、一字一字については、当協会発行図書（2級対応のもの）掲載の漢字表で確認してください。

公益財団法人 日本漢字能力検定協会

漢検

改訂四版

漢検 漢字学習ステップ 6級

漢検 公益財団法人 日本漢字能力検定協会

もくじ

本書の使い方

日本漢字能力検定（漢検）６級は、小学校５年生で学習する漢字一九三字を中心に、それまでに学習する漢字をふくめた読み・書き、使い方などが出題されます。本書はその一九三字を、**漢字表・練習問題**からなる26ステップに分けてあります。

また、復習と確認ができるように５〜６ステップごとに**力だめし**を設けてあります。最後の**総まとめ**は審査基準に則した出題形式で模擬試験としてご利用いただけます。

さらに付録として、「学年別漢字配当表」や「常用漢字表　付表」などの資料ものせてあります。

漢検の主な出題内容は「日本漢字能力検定審査基準」「日本漢字能力検定採点基準」（いずれも本書巻頭カラー口絵に掲載）等で確認してください。

一 漢字表

覚えておきたい項目をチェック

ステップ25

迷 夢 務 脈 暴 貿 防 豊

ステップごとにしっかり学習

三 力だめし

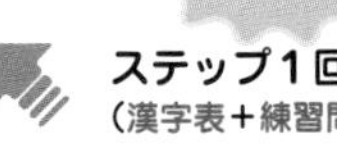

５〜６ステップごとに

ステップ１回分（漢字表＋練習問題）

成果を確認

二 練習問題

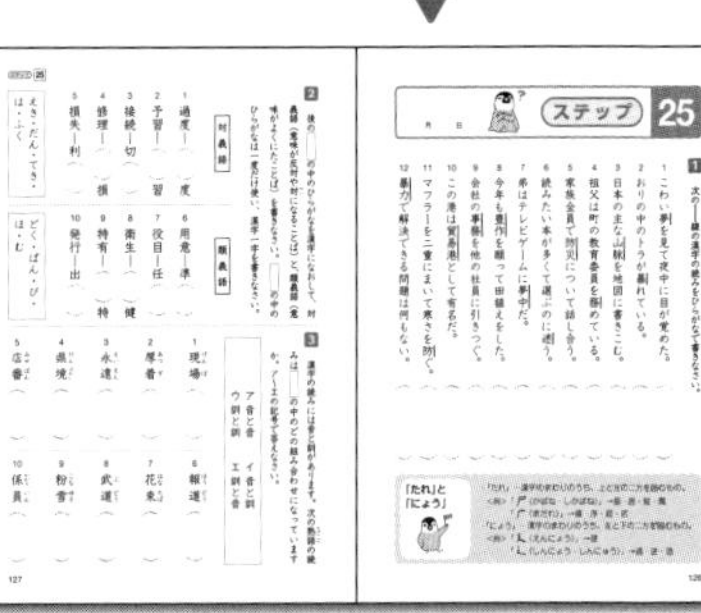

練習問題で実力養成

四 総まとめ

一 漢字表

1ステップの学習漢字数は7〜8字です。漢字表には、それぞれの漢字について覚えておきたい項目が整理されています。漢字表の内容を確認してから、練習問題に進んでください。

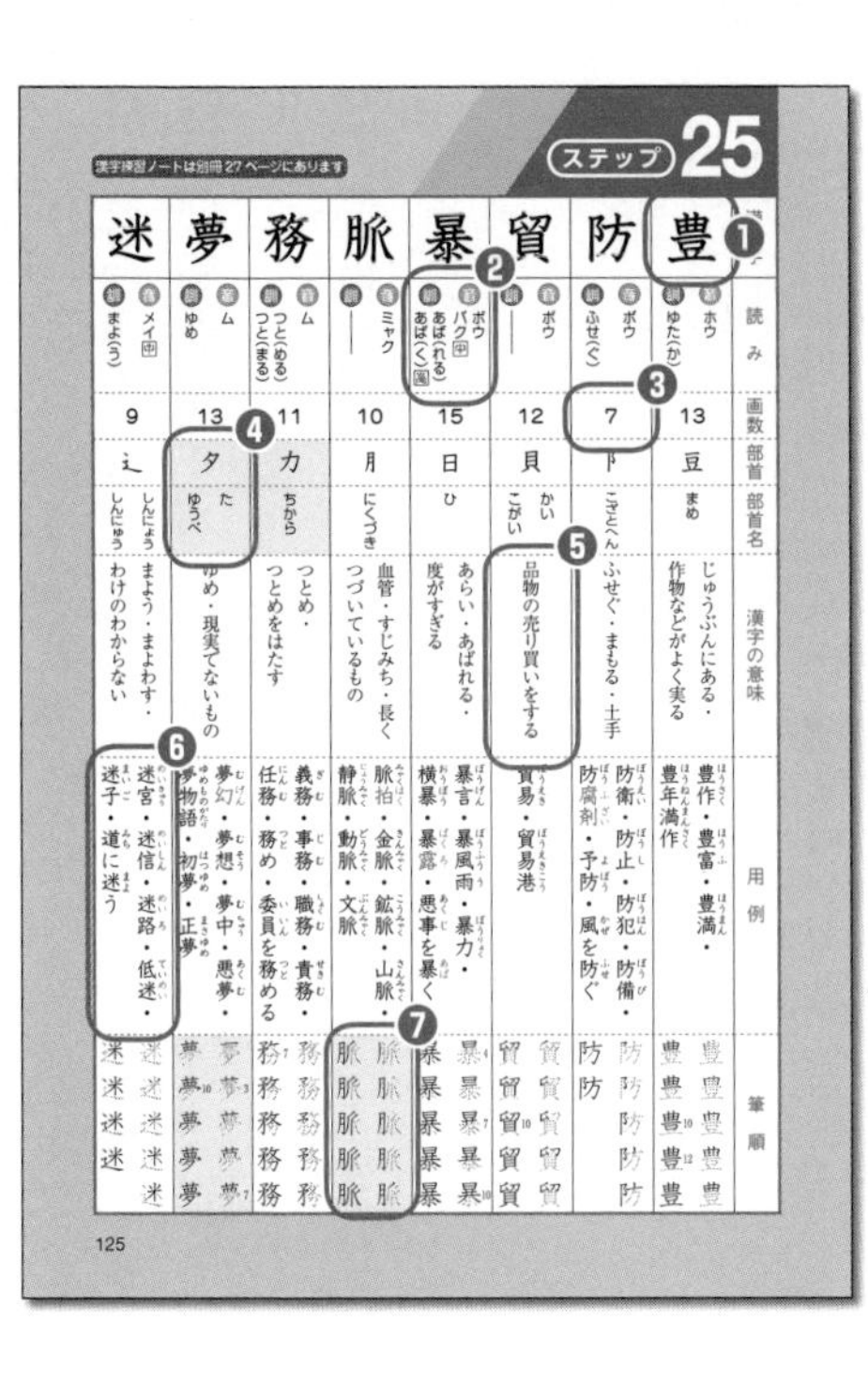

漢字練習ノートは別冊27ページにあります

ステップ 25

漢字	読み	画数	部首	部首名	漢字の意味	用例
豊	音 ホウ 訓 ゆた(か)	13	豆	まめ	じゅうぶんにある・作物などがよく実る	豊作・豊富・豊満・豊年満作
防	音 ボウ 訓 ふせ(ぐ)	7	阝	こざとへん	ふせぐ・まもる・土手	防衛・防止・防犯・防備・防腐剤・予防・風を防ぐ
貿	音 ボウ 訓 ―	12	貝	かい こがい	品物の売り買いをする	貿易・貿易港
暴	音 ボウ バク中 訓 あば(れる) あば(く)高	15	日	ひ	あらい・あばれる・度がすぎる	暴言・暴風雨・暴力・横暴・暴露・悪事を暴く
脈	音 ミャク 訓 ―	10	月	にくづき	血管・すじみち・長くつづいているもの	脈拍・金脈・山脈・静脈・動脈・文脈
務	音 ム 訓 つと(める) つと(まる)	11	力	ちから	つとめ・つとめをはたす	義務・事務・職務・責務・任務・務め・委員を務める
夢	音 ム 訓 ゆめ	13	夕	た ゆうべ	ゆめ・現実でないもの	夢幻・夢想・夢中・悪夢・夢物語・初夢・正夢
迷	音 メイ中 訓 まよ(う)	9	辶	しんにょう しんにゅう	まよう・まよわす・わけのわからない	迷宮・迷信・迷路・低迷・迷子・道に迷う

125

❶学習漢字　教科書体で記してあります。ここを参考にして略さずていねいに書くよう心がけましょう。

❷読み　音読みをカタカナで、訓読みをひらがなで示してあります。中は中学校で学習する読みで、4級以上で出題対象となります。高は高校で学習する読みで、準2級以上で出題対象となります。

❸画数　総画数を示しています。

❹部首・部首名　漢検採用のものです。

❺意味　漢字の持つ主な意味です。意味を知っていると、漢字の使い分けや熟語の意味を理解しやすくなります。

※赤刷りになっているところはまちがえやすいものです。注意しましょう。(筆順も同様)

❻用例　学習漢字を用いた熟語を中心に用例をあげました。赤字で示した読み方や漢字は、6級まででは学習しないものです。

❼筆順　漢字の筆順(書き順)を示してあります。途中を省略した場合は横に何画目かがわかるように数字をつけてあります。

二 練習問題

各ステップの問題は、読み・書き取り問題を中心にさまざまな問題で構成されています。

1（読み問題）…音読み・訓読みを適度に配分してあります。

2・3（応用問題）…部首、対義語・類義語、筆順・画数などの問題で構成されています。

4（書き取り問題）…答えを3回記入できるように「らん」を設けています。

下の「らん」から書きこんで、2回目・3回目は前の答えをカバーそでの「かくしーと」でかくしながら記入してください。

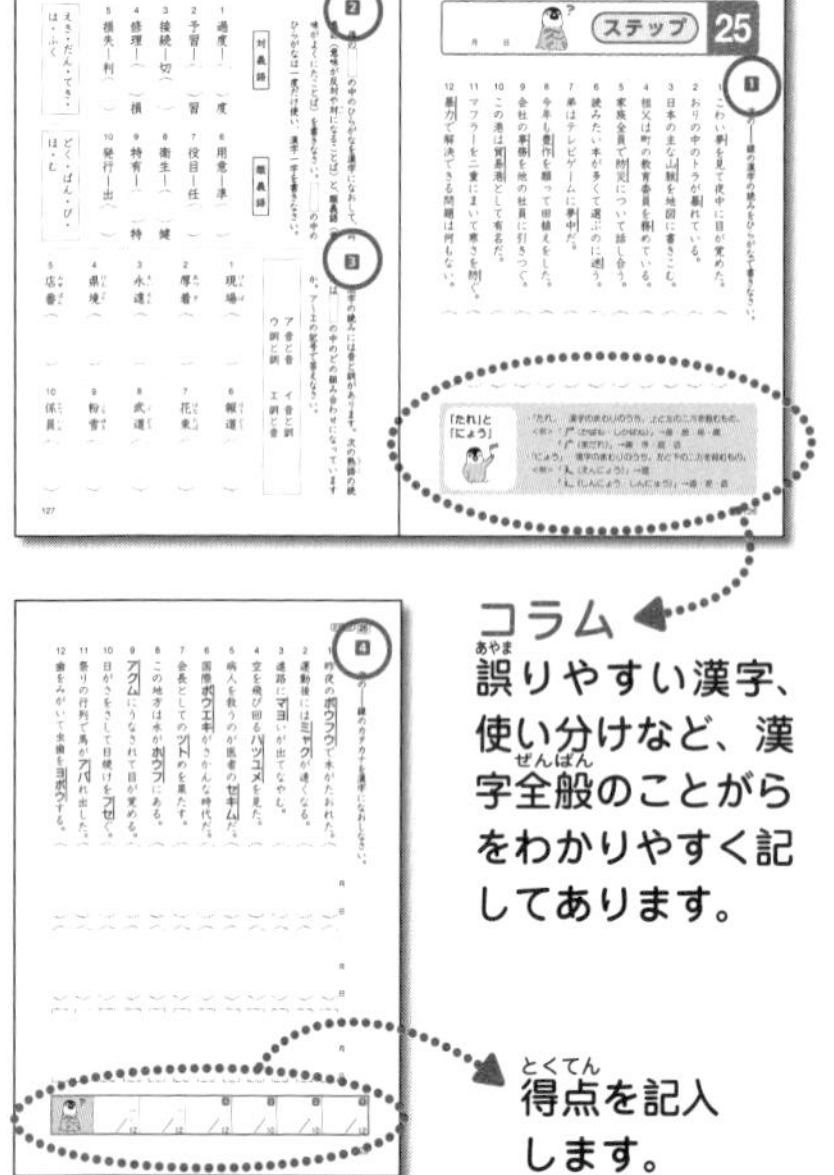

コラム
誤りやすい漢字、使い分けなど、漢字全般のことがらをわかりやすく記してあります。

得点を記入します。

別冊
●標準解答●

標準解答は別冊になっています。答え合わせの際は解説「ステップアップメモ」も参考にしてください。

別冊
●漢字練習ノート●

別冊「漢字練習ノート」の漢字はステップの順番でならんでいます。筆順やトメ・ハネに注意して、ていねいに書くことを心がけましょう。

三 力だめし

5〜6ステップごとに設けてあります。

一〇〇点満点で、自己評価ができますので、小テストとして問題に取り組んでください。

四 総まとめ

すべてのステップを学習したら、実力確認の問題にチャレンジしてください。自己採点して、苦手分野は再度復習しましょう。

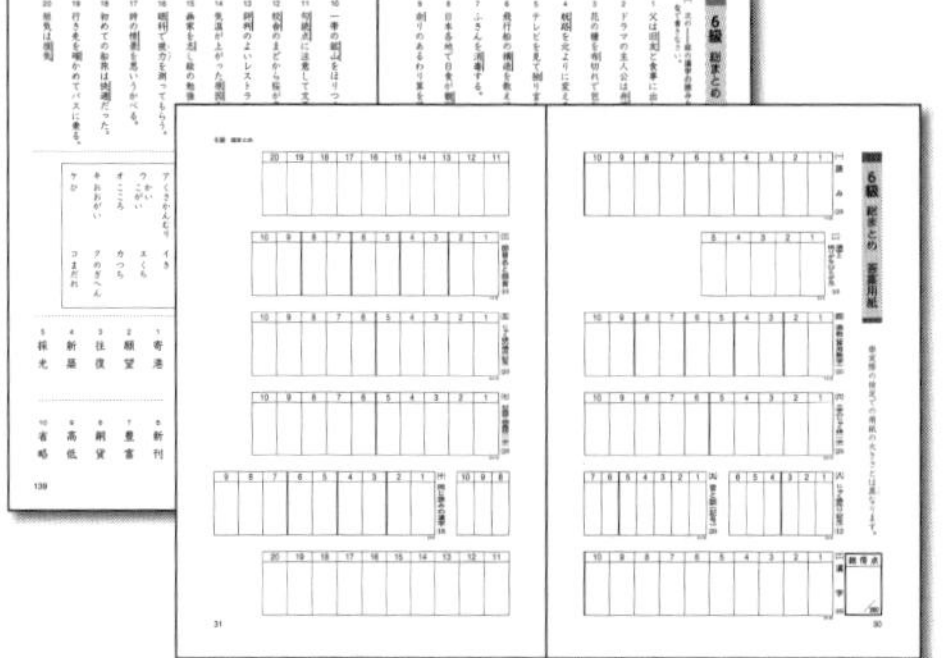

総まとめは別冊「漢字練習ノート」の30・31ページに答案用紙がついています。

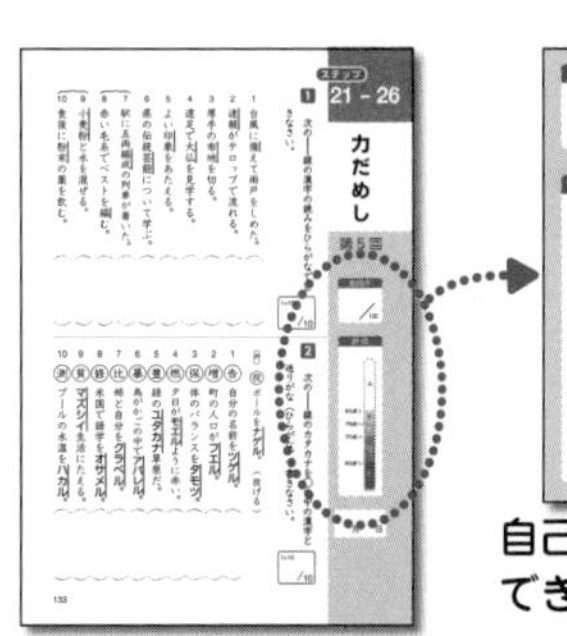

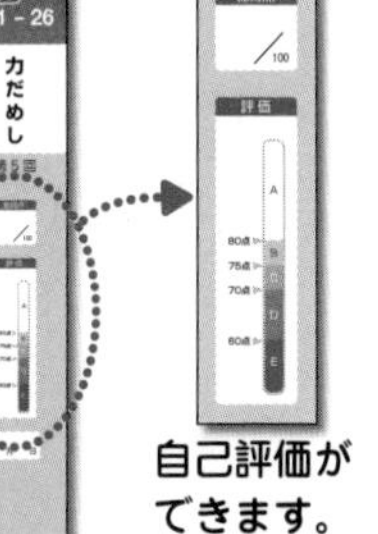

自己評価ができます。

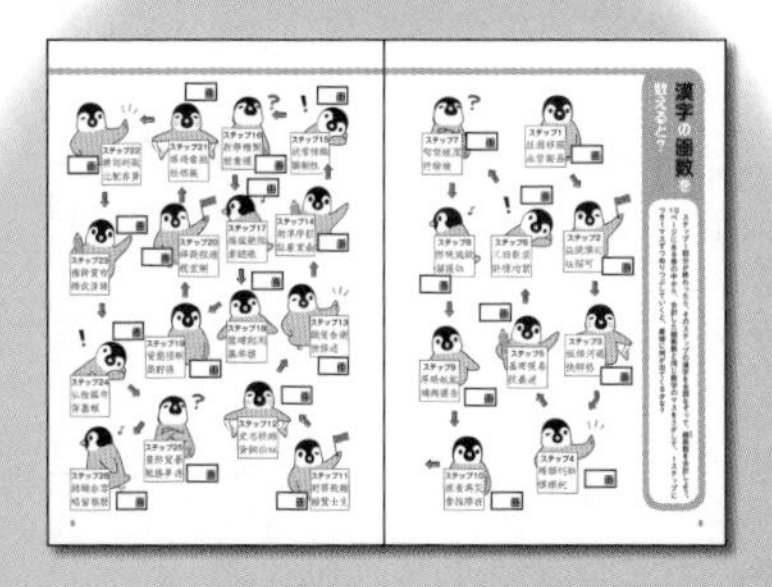

次のページには進行表「漢字の画数を数えると？」があります。

学習の進み具合をチェックしましょう。

クイズであそぼ！

力だめしの後には、楽しいクイズのページがあります。

漢字の画数を数えると？

ステップ1回分が終わったら、そのステップの漢字を全部なぞって、総画数を合計しよう。10ページにある表の中から、合計した総画数と同じ数字のマスをさがして、1ステップにつき1マスずつぬりつぶしていくと、最後に何が出てくるかな？

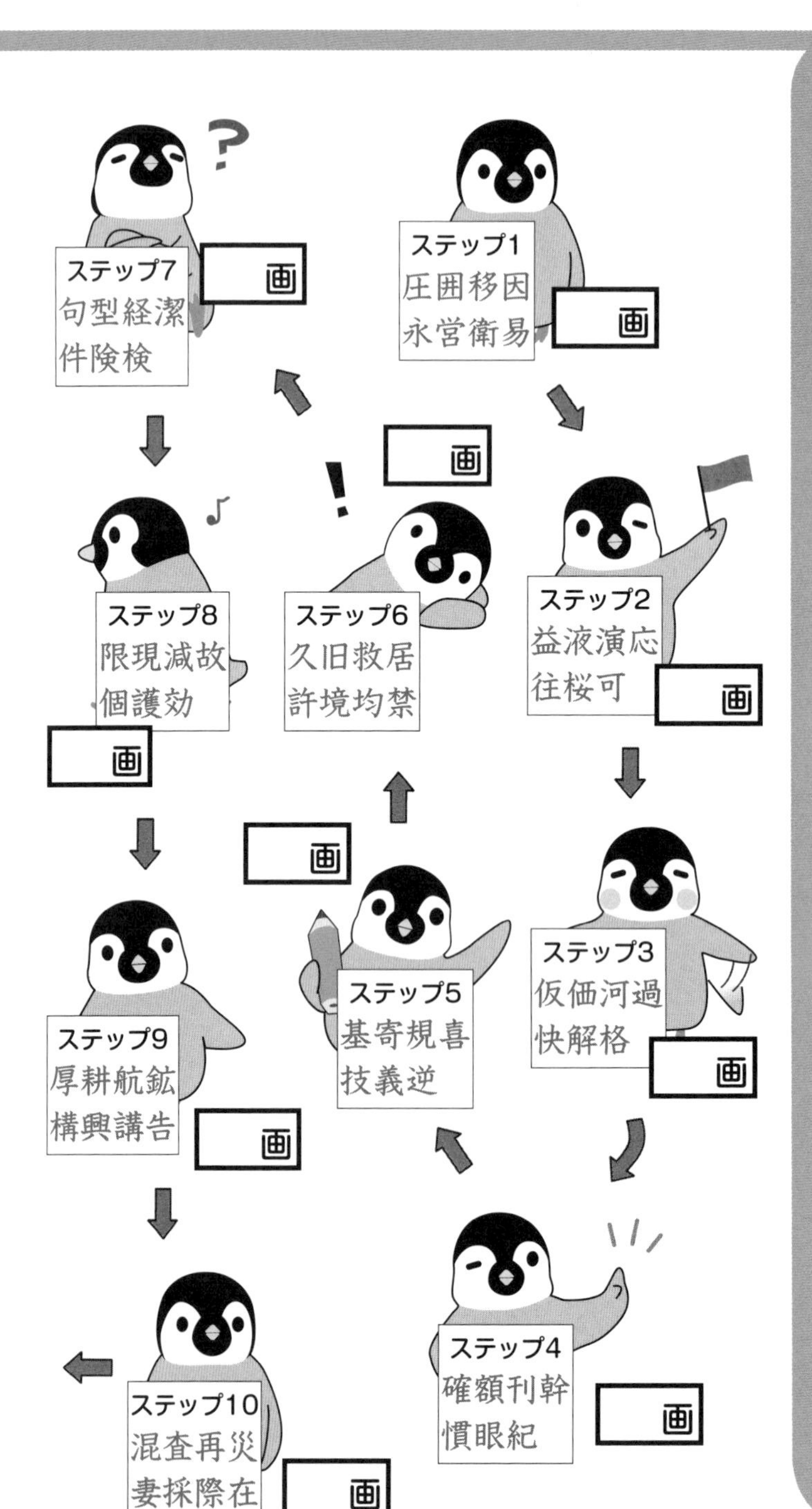

ステップ11
財罪殺雑
酸賛士支
画
ステップ12
史志枝師
資飼示似
画
ステップ13
識質舎謝
授修述
画
ステップ14
術準序招
証象賞条
画
ステップ15
状常情織
職制性
画
!
ステップ16
政勢精製
税責績
画
?
ステップ17
接設絶祖
素総造
画
ステップ18
像増則測
属率損
画
ステップ19
貸態団断
築貯張
画
ステップ20
停提程適
統堂銅
画
ステップ21
導得毒独
任燃能
画
ステップ22
破犯判版
比肥非費
画
ステップ23
備評貧布
婦武復複
画
ステップ24
仏粉編弁
保墓報
画
!
ステップ25
豊防貿暴
脈務夢迷
画
?
ステップ26
綿輸余容
略留領歴
画

<table>
<tr><td rowspan="3">61</td><td colspan="2">73</td><td colspan="2">91</td><td rowspan="4">74</td><td colspan="4">76</td><td>66</td></tr>
<tr><td rowspan="2">63</td><td colspan="2">62</td><td>83</td><td colspan="3">85</td><td colspan="2">78</td></tr>
<tr><td colspan="2">84</td><td>93</td><td colspan="2">58</td><td>99</td><td colspan="2">100</td></tr>
<tr><td rowspan="2">94</td><td rowspan="2">93</td><td rowspan="2">60</td><td colspan="2">96</td><td>86</td><td>90</td><td colspan="2">50</td><td rowspan="2">67</td></tr>
<tr><td colspan="2">66</td><td>76</td><td colspan="4">80</td></tr>
<tr><td colspan="2">100</td><td rowspan="2">78</td><td colspan="2">88</td><td colspan="2">72</td><td rowspan="2">82</td><td colspan="2">97</td><td>60</td></tr>
<tr><td colspan="2">92</td><td rowspan="2">85</td><td colspan="3">87</td><td rowspan="2">84</td><td rowspan="2">57</td><td>63</td></tr>
<tr><td rowspan="3">98</td><td colspan="2">99</td><td rowspan="3">65</td><td colspan="3">85</td><td rowspan="2">84</td></tr>
<tr><td>56</td><td>80</td><td>91</td><td>56</td><td rowspan="2">68</td><td colspan="2">66</td><td>95</td></tr>
<tr><td colspan="3">72</td><td>69</td><td colspan="3">77</td><td>97</td></tr>
<tr><td rowspan="4">67</td><td rowspan="4">71</td><td colspan="4">59</td><td>61</td><td colspan="4">91</td></tr>
<tr><td>79</td><td colspan="3">70</td><td colspan="2">85</td><td rowspan="2">90</td><td rowspan="2">84</td><td rowspan="2">100</td></tr>
<tr><td>68</td><td colspan="3">87</td><td colspan="2">95</td></tr>
<tr><td>96</td><td colspan="3">81</td><td>75</td><td colspan="2">64</td><td colspan="2">89</td></tr>
</table>

答えは 別冊標準解答 20 ページ

ステップ 1

漢字練習ノートは別冊3ページにあります

漢字	読み	画数	部首	部首名	漢字の意味	用例	筆順
圧	音 アツ 訓 ―	5	土	つち	おさえつける・おしつぶす・おさえる力	圧巻(あっかん)・圧縮(あっしゅく)・圧力(あつりょく)・気圧(きあつ)・血圧(けつあつ)・水圧(すいあつ)・電圧(でんあつ)	圧 圧 圧 圧 圧
囲	音 イ 訓 かこ(む) かこ(う)	7	囗	くにがまえ	かこむ・まわり	囲碁(いご)・周囲(しゅうい)・範囲(はんい)・包囲(ほうい)・線(せん)で囲(かこ)む・さくで囲(かこ)う	囲 囲 囲 囲 囲 囲 囲
移	音 イ 訓 うつ(る) うつ(す)	11	禾	のぎへん	場所がかわる・方法などをかえる・時がたつ	移住(いじゅう)・移植(いしょく)・移転(いてん)・移動(いどう)・変移(へんい)・家(いえ)を移(うつ)る	移 移 移 移 移(6) 移 移 移 移 移
因	音 イン 訓 よ(る) 高	6	囗	くにがまえ	何かの起こるもと・したがう	因果(いんが)・原因(げんいん)・勝因(しょういん)・敗因(はいいん)・要因(よういん)・相手(あいて)の出方(でかた)に因(よ)る	因 因 因 因 因 因
永	音 エイ 訓 なが(い)	5	水	みず	時間がながい・いつまでも	永遠(えいえん)・永久(えいきゅう)・永住(えいじゅう)・永世(えいせい)・永続(えいぞく)・永眠(えいみん)・末永(すえなが)く	永 永 永 永 永
営	音 エイ 訓 いとな(む)	12	⺍	つかんむり	こしらえる・すまい・仕事をする	営業(えいぎょう)・営巣(えいそう)・営利(えいり)・運営(うんえい)・経営(けいえい)・市営(しえい)・生活(せいかつ)を営(いとな)む	営 営 営 営 営 営(7) 営 営 営 営(12)
衛	音 エイ 訓 ―	16	行	ぎょうがまえ ゆきがまえ	まもる・まもる人	衛生(えいせい)・衛星(えいせい)・衛兵(えいへい)・護衛(ごえい)・自衛(じえい)・守衛(しゅえい)・前衛(ぜんえい)・防衛(ぼうえい)	衛(2) 衛(4) 衛 衛 衛(9) 衛(11) 衛 衛 衛(15) 衛
易	音 エキ イ 訓 やさ(しい)	8	日	ひ	とりかえる・かわる・たやすい・うらない	易者(えきしゃ)・貿易(ぼうえき)・安易(あんい)・平易(へいい)・難易(なんい)・容易(ようい)・易(やさ)しい問題(もんだい)	易 易 易 易 易 易 易 易

月　日

ステップ 1

1 次の――線の漢字の読みをひらがなで書きなさい。

1 季節の移り変わりははやいものだ。
2 駅前の通りで易者が手相をみている。
3 おじはアメリカに永住するらしい。
4 店は夜も営業している。
5 人工衛星の打ち上げに成功した。
6 父は血圧が高いのを気にしている。
7 身の回りの衛生に気をつける。
8 家族で小さな旅館を営んでいる。
9 図書館が町の中心部に移転した。
10 家の庭をフェンスで囲む。
11 易しい問題から取りかかる。
12 起こったことの因果関係を調べる。

漢字の始まり

漢字は今から三千年あまり昔に、中国で生まれました。初めは、物の形などを簡単(かんたん)にかたどり、カメの甲(こう)や動物の骨(ほね)などにきざんだ、文字というより絵のようなものでした。そのころの文字を「絵文字」、「甲骨(こうこつ)文字」、「亀甲(きっこう)文字」などとよびます。それが長い年月をへて発達し、今の形になりました。

2

次の（　）にあてはまる漢字を後の［　］の中から選び、三字の熟語を作りなさい。

1 （　）久的
2 （　）賀会
3 松竹（　）
4 不道（　）
5 （　）海空
6 （　）遠鏡
7 定（　）置
8 不（　）生
9 （　）食住
10 高気（　）

［圧・位・衣・永・衛・祝・徳・梅・望・陸］

3

次の漢字の正しい筆順を選び、記号で答えなさい。

1 圧
ア 一 厂 𠂆 厈 圧
イ ノ 厂 𠂆 厈 圧
（　）

2 移
ア ノ 亻 千 禾 𥝌 移
イ ノ 二 千 禾 𥝌 移
（　）

3 因
ア 丨 冂 囗 曰 団 因
イ 丨 冂 冃 冄 囚 因
（　）

4 永
ア 丶 亅 刁 永 永
イ 丶 ㇇ 刁 永 永
（　）

5 衛
ア 彳 徉 徫 徫 徫 衛
イ 彳 徉 徫 徫 徫 衛
（　）

6 囲
ア 丨 冂 冃 冄 冉 囲 囲
イ 丨 冂 冃 冄 冉 囲 囲
（　）

4 次の――線のカタカナを漢字になおしなさい。

1 シャワーの**スイアツ**が弱い。
2 **シュウイ**の安全を確(たし)かめる。
3 川のよごれの**ゲンイン**を調べる。
4 計画を実行に**ウツ**す時がきた。
5 **テイキアツ**が近づいている。
6 大会の**ウンエイ**を手伝う。
7 夏は特に**エイセイ**に注意しよう。
8 試験は予想より**ヤサ**しかった。
9 ゾウの群れが草原を**イドウ**する。
10 これは**エイエン**に残る名曲だ。
11 学校の近くで書店を**イトナ**む。
12 登山を**アンイ**に考えてはならない。

月 日
月 日
月 日

			4	3	2	1
	／12	／12	／12	／6	／10	／12

漢字練習ノートは別冊4ページにあります

ステップ 2

漢字	読み（音）	読み（訓）	画数	部首	部首名	漢字の意味	用例
益	エキ・ヤク 高	—	10	皿	さら	もうけ・役にたつ・ふえる	益虫（えきちゅう）・益鳥（えきちょう）・収益（しゅうえき）・損益（そんえき）・有益（ゆうえき）・利益（りえき）・御利益（ごりやく）
液	エキ	—	11	氵	さんずい	水のように一定の形のない物質（ぶっしつ）・しる	液状化（えきじょうか）・液体（えきたい）・胃液（いえき）・血液（けつえき）・樹液（じゅえき）
演	エン	—	14	氵	さんずい	述（の）べる・説く・ならう・おこなう	演技（えんぎ）・演習（えんしゅう）・演奏（えんそう）・開演（かいえん）・公演（こうえん）・講演（こうえん）・出演（しゅつえん）
応	オウ	こた（える）	7	心	こころ	こたえる・ふさわしい・うけて動く	応急（おうきゅう）・応（おう）じる・応対（おうたい）・応用（おうよう）・順応（じゅんのう）・期待（きたい）に応（こた）える
往	オウ	—	8	彳	ぎょうにんべん	ゆく・いく・むかし	往生（おうじょう）・往年（おうねん）・往復（おうふく）・往来（おうらい）・往路（おうろ）・既往症（きおうしょう）
桜	オウ 高	さくら	10	木	きへん	（植物の）サクラ・サクラ色の	観桜（かんおう）・桜色（さくらいろ）・桜草（さくらそう）・葉桜（はざくら）・夜桜（よざくら）・桜（さくら）の開花（かいか）
可	カ	—	5	口	くち	よい・よいところ・できる	可決（かけつ）・可能性（かのうせい）・可否（かひ）・許可（きょか）・不可（ふか）・不可能（ふかのう）

月　日

ステップ 2

1 次の――線の漢字の読みをひらがなで書きなさい。

1 庭に紫色（むらさきいろ）の桜草がさく。
2 コンサートは七時に開演する。
3 友人のよびかけに応答する。
4 父は病院で血液型（がた）を調べてもらった。
5 ことわざには有益なものが多い。
6 来週ここでバレエの公演がある。
7 車の中でけがの応急手当てを受ける。
8 旅行の往路のきっぷを買う。
9 入学式の日は校庭の桜が満開だった。
10 可もなく不可もない結果だ。
11 期待に応えてシュートを決める。
12 有名な劇（げき）を演じる。

漢字の成り立ち①

漢字は成り立ちから次の四つに分類されます。

❶象形（しょうけい）文字…物の形をかたどった絵文字。
<例> → → 「山」

❷指事（しじ）文字…形のないものを、線や印を用いて表した文字。
<例> → → 「上」

（漢字の成り立ち②に続く。）

2

後の［　］の中のひらがなを漢字になおして、対義語（意味が反対や対になることば）を書きなさい。［　］の中のひらがなは一度だけ使い、漢字一字を書きなさい。

1 固体―（　）体
2 近海―遠（　）
3 結果―原（　）
4 主食―（　）食
5 直線―（　）線
6 海路―（　）路
7 完勝―完（　）
8 決定―（　）定
9 先生―生（　）
10 冷水―（　）湯

いん・えき・きょく・と・ねっ・ぱい・ふく・み・よう・りく

3

漢字を二字組み合わせた熟語では、二つの漢字の間に意味の上で、次のような関係があります。

ア　反対や対になる意味の字を組み合わせたもの。（例…上下）
イ　同じような意味の字を組み合わせたもの。（例…森林）
ウ　上の字が下の字の意味を説明（修飾）しているもの。（例…海水）
エ　下の字から上の字へ返って読むと意味がよくわかるもの。（例…消火）

次の熟語は、右のア～エのどれにあたるか、記号で答えなさい。

1 水圧（　）
2 出欠（　）
3 安易（　）
4 応答（　）
5 城門（　）
6 絵画（　）
7 勝因（　）
8 永遠（　）
9 軽重（　）
10 営業（　）

4 次の――線のカタカナを漢字になおしなさい。

1 自分の力に**オウ**じた速さで走る。（　　）
2 ツバメは害虫を食べる**エキチョウ**だ。（　　）
3 わたしの大好物は**サクラ**もちだ。（　　）
4 予行**エンシュウ**が中止になる。（　　）
5 **エキタイ**の性質(せいしつ)を調べる。（　　）
6 新商品の発売で**リエキ**をあげる。（　　）
7 公式を**オウヨウ**して面積を出す。（　　）
8 友人がテレビに**シュツエン**した。（　　）
9 **ハザクラ**の時期になる。（　　）
10 かれは**オウネン**の名選手だ。（　　）
11 議案が**カケツ**される。（　　）
12 **ブンソウオウ**の生活をする。（　　）

月　日　〈　　〉
月　日　〔　　〕
月　日

1	2	3	4
／12	／10	／10	（　）／12　〈　〉／12　〔　〕／12

漢字練習ノートは別冊５ページにあります

ステップ 3

漢字	読み	画数	部首	部首名	漢字の意味	用例	筆順
仮	音 カ、ケ(中) 訓 かり	6	イ	にんべん	かりにそうすること・にせ	仮説(かせつ)・仮設(かせつ)・仮定(かてい)・仮名(かな/かめい)・仮面(かめん)・仮病(けびょう)・仮(かり)の住(す)まい	仮 仮 仮 仮 仮 仮
価	音 カ 訓 あたい(高)	8	イ	にんべん	ねだん・ねうち	価格(かかく)・価値(かち)・栄養価(えいようか)・高価(こうか)・定価(ていか)・評価(ひょうか)・物価(ぶっか)	価 価 価 価 価 価 価 価
河	音 カ 訓 かわ	8	氵	さんずい	大きな川	河口(かこう)・河川(かせん)・運河(うんが)・銀河(ぎんが)・大河(たいが)・氷河(ひょうが)・河原(かわら)	河 河 河 河 河 河 河 河
過	音 カ 訓 す(ぎる)、す(ごす)、あやま(つ)(高)、あやま(ち)(高)	12	辶	しんにょう しんにゅう	通りすぎる・時がたつ・度をこえる・しくじり	過激(かげき)・過去(かこ)・過失(かしつ)・過程(かてい)・過度(かど)・通過(つうか)・過(あやま)ちを犯(おか)す	過 過 9過 過 過 過 過 過 過 過
快	音 カイ 訓 こころよ(い)	7	忄	りっしんべん	気持ちがよい・よくなる・おもしろい	快晴(かいせい)・快走(かいそう)・快速(かいそく)・快適(かいてき)・軽快(けいかい)・全快(ぜんかい)・快(こころよ)いそよ風(かぜ)	快 快 快 快 快 快 快
解	音 カイ、ゲ(高) 訓 と(く)、と(かす)、と(ける)	13	角	つのへん	ばらばらにする・わかる・ほどく・とりさる	解決(かいけつ)・解消(かいしょう)・分解(ぶんかい)・弁解(べんかい)・解熱(げねつ)・雪解(ゆきど)け・ひもを解(と)く	解 2解 解 4解 解 解 解 12解 解 解
格	音 カク、コウ(高) 訓 ―	10	木	きへん	きまり・身分・位置づけ・基準(きじゅん)・規律(きりつ)が正しい	格別(かくべつ)・格安(かくやす)・価格(かかく)・合格(ごうかく)・資格(しかく)・性格(せいかく)・品格(ひんかく)・格子(こうし)	格 格 格 格 格 格 格 格 格 格

月　日

ステップ 3

1 次の――線の漢字の読みをひらがなで書きなさい。

1 気持ちを理解し合うことは大切だ。

2 旅先で格安なホテルにとまる。

3 海からふいてくる風が快い。

4 運河に橋がかかっている。

5 正月は家族みんなで楽しく過ごす。

6 明日は仮に雪がふっても出かけよう。

7 食物の栄養価を調べて調理する。

8 雪解け水のせせらぎに春を感じる。

9 この駅には快速列車はとまらない。

10 河原のススキが銀色に光っている。

11 野菜の価格は天候によって変動する。

12 九時を過ぎたら出発する。

漢字の成り立ち②

❸会意(かいい)文字…象形(しょうけい)文字や指事文字を二つ以上組み合わせて、新しい意味を表した文字。

<例>「日」＋「月」→「明」

❹形声(けいせい)文字…意味（形）を表す文字と発音（声）をしめす文字とを組み合わせて、新しい意味を表した文字。

<例>「氵」（意味＝水）＋「永」（発音＝エイ）→「泳」

2 次の漢字の部首名と部首を書きなさい。部首名は、後の［　］から選んで記号で答えなさい。

〈例〉花・茶（ア）〔艹〕（部首名・部首）

1 者・老（　）〔　〕
2 賀・貨（　）〔　〕
3 永・求（　）〔　〕
4 往・径（　）〔　〕
5 仮・価（　）〔　〕
6 可・器（　）〔　〕
7 桜・格（　）〔　〕

ア くさかんむり　イ きへん
ウ ぎょうにんべん
エ おいかんむり・おいがしら
オ くち　カ さら
キ にんべん　ク ひ
ケ みず　コ かい・こがい

3 次の――線のカタカナにあてはまる漢字を後の［　］の中から選び、記号で答えなさい。［　］の中の漢字は一度しか使えません。

1 発表会で**カ**度に緊張（きんちょう）する。（　）
2 この川の**カ**口には港町がある。（　）
3 日々の努力の成**カ**が表れる。（　）
4 とても高**カ**な着物を買った。（　）
5 かれは外国に**エイ**住するそうだ。（　）
6 市**エイ**バスを乗りついで駅へ行く。（　）
7 山間部に自**エイ**隊が出動する。（　）
8 選手たちの**エイ**光をたたえる。（　）

ア 衛　イ 価　ウ 永　エ 過
オ 営　カ 果　キ 栄　ク 河

4 次の――線のカタカナを漢字になおしなさい。

1 姉は**ケイカイ**な足どりで歩いた。（　　）
2 夏の夜空の**ギンガ**が美しい。（　　）
3 着物の帯を母に**ト**いてもらう。（　　）
4 冬の衣類を**テイカ**より安く買う。（　　）
5 今日は雲一つない**カイセイ**だ。（　　）
6 工事中のため**カリ**の橋をわたる。（　　）
7 水泳の進級試験に**ゴウカク**した。（　　）
8 学芸会の劇（げき）で使う**カメン**を作る。（　　）
9 研究チームを**カイサン**する。（　　）
10 バスが家の前を**ツウカ**する。（　　）
11 実験する前に**カセツ**を立てる。（　　）
12 **ス**ぎたるはなお及（およ）ばざるがごとし（　　）

月　日　月　日　月　日

1	2	3	4		
／12	／7	／8	（ ）／12	〈 〉／12	「 」／12

漢字練習ノートは別冊６ページにあります

ステップ 4

漢字	読み	画数	部首	部首名	漢字の意味	用例	筆順
確	音 カク 訓 たし(か) たし(かめる)	15	石	いしへん	しっかりして動かない・まちがいがない	確実(かくじつ)・確信(かくしん)・確保(かくほ)・確率(かくりつ)・正確(せいかく)・辞書(じしょ)で確(たし)かめる	5 7 14
額	音 ガク 訓 ひたい	18	頁	おおがい	ひたい・お金の数量・壁(かべ)などにかけるもの	額縁(がくぶち)・額面(がくめん)・金額(きんがく)・残額(ざんがく)・増額(ぞうがく)・多額(たがく)・額(ひたい)を集(あつ)める	3 9 13 16 18
刊	音 カン 訓 ──	5	刂	りっとう	本や雑誌(ざっし)などを出版(しゅっぱん)する	刊行(かんこう)・休刊(きゅうかん)・新刊(しんかん)・創刊(そうかん)・朝刊(ちょうかん)・発刊(はっかん)・夕刊(ゆうかん)	
幹	音 カン 訓 みき	13	干	かん いちじゅう	木のみき・物事の中心部分・うでまえ	幹事(かんじ)・幹線(かんせん)・幹部(かんぶ)・基幹(きかん)・根幹(こんかん)・新幹線(しんかんせん)・太(ふと)い幹(みき)	4 6 12
慣	音 カン 訓 な(れる) な(らす)	14	忄	りっしんべん	なれる・ならわし	慣習(かんしゅう)・慣用句(かんようく)・慣例(かんれい)・習慣(しゅうかん)・手慣(てな)れる・使(つか)い慣(な)らす	2 12 14
眼	音 ガン ゲン 高 訓 まなこ 中	11	目	めへん	目・目で見る・大事なところ	眼下(がんか)・眼科(がんか)・眼帯(がんたい)・主眼(しゅがん)・着眼(ちゃくがん)・肉眼(にくがん)・血眼(ちまなこ)・眼鏡(めがね)(がんきょう)	4
紀	音 キ 訓 ──	9	糸	いとへん	順序(じゅんじょ)よく書いたもの・きまり・年代	紀元(きげん)・紀元前(きげんぜん)・紀行(きこう)・世紀(せいき)・風紀(ふうき)	

月　日

ステップ 4

1 次の――線の漢字の読みをひらがなで書きなさい。

1 眼下に白い雲が広がっている。（眼下）
2 新幹線の席を予約する。（新幹線）
3 二十一世紀の生活のあり方を考える。（世紀）
4 支払(しはら)うべき金額を合計する。（金額）
5 イチョウの幹でセミが鳴き始める。（幹）
6 目的地までの正確な所要時間を調べる。（正確）
7 父は時間をかけて朝刊を読む。（朝刊）
8 祖母(そぼ)が老眼鏡をかける。（老眼鏡）
9 作業に必要な人員を確保(ほ)する。（確）
10 毎食後に歯をみがく習慣をつける。（習慣）
11 最近の事件(じけん)の共通点に着眼する。（着眼）
12 習うより慣れよ（慣）

ひらがなはどうやってできた？

!

「仮名(かな)」は、もとの漢字に対して「仮の文字」という意味です。奈良時代は、漢字（万葉仮名）のみで日本語を書き表していましたが、書くのが大変なので、漢字の形をくずした「草書体」ができ、さらに簡略(かんりゃく)化され、「ひらがな」ができました。

安→安→あ　以→以→い　宇→宇→う

衣→衣→え　於→於→お

2

次の――線の漢字の読みは音読み（ア）ですか、訓読み（イ）ですか。答えは記号で書きなさい。

1 易しい（　　）
2 平易（　　）
3 慣らす（　　）
4 慣習（　　）
5 運営（　　）
6 営む（　　）
7 快い（　　）
8 全快（　　）
9 応対（　　）
10 応える（　　）

3

次の（　）にあてはまる漢字を下の〔　〕の中から選び、熟語を作りなさい。

1 （　　）続　〔英・衛・永〕
2 出（　　）　〔遠・塩・演〕
3 （　　）生　〔応・往・央〕
4 主（　　）　〔眼・丸・岸〕
5 新（　　）　〔関・観・刊〕
6 物（　　）　〔価・可・過〕
7 （　　）元　〔季・記・紀〕
8 有（　　）　〔液・易・益〕
9 （　　）例　〔幹・完・慣〕
10 確（　　）　〔信・真・心〕

4 次の――線のカタカナを漢字になおしなさい。

1 **ニクガン**では見えない星も多い。
2 今月の**シンカン**を書店で買う。
3 学校の**フウキ**をみださない。
4 毎月のこづかいを増(ぞう)**ガク**する。
5 木の**ミキ**に鳥が巣を作った。
6 **ガンカ**で目の検査(けんさ)をする。
7 買ったばかりのくつに足を**ナ**らす。
8 辞書を引いて意味を**タシ**かめる。
9 **カンヨウ**句(く)の使い方を学習する。
10 雑誌(ざっし)が**キュウカン**する。
11 外国を旅した**キコウ**文を読む。
12 あせが**ヒタイ**を流れる。

（　　）月　日
〈　　〉月　日
［　　］月　日

1	2	3	4 （　）	〈　〉	［　］
／12	／10	／10	／12	／12	／12

漢字練習ノートは別冊7ページにあります

ステップ 5

漢字	読み	画数	部首	部首名	漢字の意味	用例
基	音 キ 訓 もと 中 もとい 高	11	土	つち	土台・もとづく・塔(とう)などを数えることば	基準(きじゅん)・基地(きち)・基調(きちょう)・基本(きほん)・規則(きそく)に基(もと)づく・基(もとい)を築(きず)く
寄	音 キ 訓 よ(る) よ(せる)	11	宀	うかんむり	たよる・まかせる・おくる・たちよる	寄港(きこう)・寄宿(きしゅく)・寄生(きせい)・寄贈(きぞう)・寄付(きふ)・最寄(もよ)り・取(と)り寄(よ)せる
規	音 キ 訓 ―	11	見	みる	コンパス・ただす・手本・きまり	規制(きせい)・規則(きそく)・規定(きてい)・規約(きやく)・規律(きりつ)・定規(じょうぎ)・新規(しんき)・法規(ほうき)
喜	音 キ 訓 よろこ(ぶ)	12	口	くち	うれしいと思う	喜色満面(きしょくまんめん)・歓喜(かんき)・悲喜(ひき)・大喜(おおよろこ)び・心(こころ)から喜(よろこ)ぶ
技	音 ギ 訓 わざ 中	7	扌	てへん	うでまえ・わざ	技術(ぎじゅつ)・技能(ぎのう)・技量(ぎりょう)・演技(えんぎ)・球技(きゅうぎ)・競技(きょうぎ)・特技(とくぎ)
義	音 ギ 訓 ―	13	羊	ひつじ	正しい道・意味・わけ・代わりになるもの	義歯(ぎし)・義士(ぎし)・義務(ぎむ)・義理(ぎり)・恩義(おんぎ)・原義(げんぎ)・仁義(じんぎ)・正義(せいぎ)
逆	音 ギャク 訓 さか さか(らう)	9	辶	しんにょう しんにゅう	さかさま・さからう	逆算(ぎゃくさん)・逆転(ぎゃくてん)・逆風(ぎゃくふう)・反逆(はんぎゃく)・逆立(さかだ)ち・流(なが)れに逆(さか)らう

月　日

ステップ 5

1 次の――線の漢字の読みをひらがなで書きなさい。

1 多くの本が学校に寄付された。

2 流れに逆らって泳ぐのは体力がいる。

3 球技の中ではテニスが得意（とくい）だ。

4 規定の量を守って薬を飲む。

5 日本国民には三つの義務（む）がある。

6 基本的な動作をくり返して練習する。

7 姉の特技はにがお絵をかくことだ。

8 上下が逆さの画面を元にもどす。

9 定規を使って正しく図形をかく。

10 寄り道したので帰りがおそくなった。

11 兄はとても正義感が強い。

12 わたしの歌に妹が手をたたいて喜ぶ。

カタカナは日本人の発明

今は主に外来語などに使われる「カタカナ」も「ひらがな」と同じく日本人が発明したものです。カタカナは、「へん」や「つくり」など、漢字の一部をとって「音（おん）」を表すようにした文字です。

阿→阝→ア　伊→亻→イ　宇→宀→ウ

江→工→エ　於→方→オ

2 次の漢字の部首名と部首を書きなさい。部首名は、後の□から選んで記号で答えなさい。

〈例〉花・茶（ア）〔艹〕
部首名　部首

1 種・移（　）〔　〕
2 寄・官（　）〔　〕
3 義・美（　）〔　〕
4 額・願（　）〔　〕
5 連・逆（　）〔　〕
6 液・演（　）〔　〕
7 都・郡（　）〔　〕

ア くさかんむり　イ うかんむり
ウ おおがい　エ おおざと
オ さんずい　カ しんにょう・しんにゅう
キ のぎへん　ク ひつじ
ケ ほこづくり・ほこがまえ　コ めへん

3 後の□の中のひらがなを漢字になおして、類義語（意味がよくにたことば）を書きなさい。□の中のひらがなは一度だけ使い、漢字一字を書きなさい。

1 以前―（　）去
2 目的―目（　）
3 着目―着（　）
4 付近―（　）辺
5 返事―応（　）
6 保健（ほけん）―（　）生
7 説明―（　）説
8 全快―（　）治
9 理由―原（　）
10 出席―（　）列

いん・えい・か・かい・かん・がん・さん・しゅう・とう・ひょう

4 次の——線のカタカナを漢字になおしなさい。

1 交通ルールの**キホン**を学ぶ。
2 観客は役者の**エンギ**に見とれた。
3 兄は大学に合格して**オオヨロコ**びだ。
4 **ヨ**り道をせずにまっすぐ帰る。
5 体育館で**サカダ**ちの練習をした。
6 ゲームを持ち**ヨ**って家で遊ぶ。
7 見事な**ギャクテン**勝利だった。
8 陸上**キョウギ**会に出場する。
9 おばはとても**ギリ**がたい。
10 飛行機が次々と**キチ**を飛び立つ。
11 生徒が学校の**キ**則(そく)を守る。
12 三人**ヨ**ればもんじゅのちえ

月 日
月 日
月 日

		4	3	2	1
／12	／12	／12	／10	／7	／12

ステップ 1-5

力だめし

第1回

総得点 ／100

評価 A 80点 B 75点 C 70点 D 60点 E

月　日

1 次の――線の漢字の読みをひらがなで書きなさい。　3×10 ／30

1 雨の日は気圧が低い。
2 この品は定価が五百円だ。
3 試合の勝因を語る。
4 選手が記者の取材に応じる。
5 台風で桜の木がたおれた。
6 慣用句（く）の意味を調べる。
7 外国の船が寄港している。
8 今日は雲一つない快晴だ。
9 花のなえをはちに移植する。
10 会場を体育館に移す。

2 次の――線のカタカナを○の中の漢字と送りがな（ひらがな）で書きなさい。　2×10 ／20

〈例〉投　ボールをナゲル。（投げる）

1 囲　家族でこたつをカコム。
2 易　ヤサシイ曲から習う。
3 逆　親の言葉にサカラウ。
4 慣　ランニングで体をナラス。
5 過　妹はいたずらがスギル。
6 快　質問（しつもん）にココロヨク答える。
7 確　自分の目でタシカメル。
8 解　算数の問題がトケル。
9 応　期待にコタエル。
10 営　代々農業をイトナム。

3 次の漢字の部首と部首名を書きなさい。 2×5 ／10

〈例〉 研・確〔石〕（いしへん）

1 快・慣〔　〕（　）
2 完・富〔　〕（　）
3 節・管〔　〕（　）
4 関・開〔　〕（　）
5 規・親〔　〕（　）

4 次の漢字の太い画のところは筆順の何画目か、また総画数は何画か、算用数字（1、2、3…）で答えなさい。 2×5 ／10

〈例〉 投（5）〔7〕

1 義（　）〔　〕
2 確（　）〔　〕
3 眼（　）〔　〕
4 往（　）〔　〕
5 演（　）〔　〕

5 次の――線のカタカナを漢字になおしなさい。 3×10 ／30

1 満点を取って**ヨロコ**ぶ。
2 **カリ**に負けてもくじけない。
3 **ヒタイ**に手をあて熱をはかる。
4 夜空に美しい**ギンガ**が見える。
5 新**カン**線に乗って旅に出る。
6 ぼくは毎日、朝**カン**を読む。
7 血**エキ**をとって調べる。
8 会社の利**エキ**を上げる。
9 何事も**キ**本が大切だ。
10 十九世**キ**の絵画を見に行く。

クイズであそぼ！ 1

イカの頭の上にのっているバケツの漢字は、イカが持っているバケツの漢字と組み合わせて熟語を作ることができるよ。頭の上のバケツの漢字の見えない部分を書いて、漢字を完成させよう。

答えは 別冊標準解答 20 ページ

クイズであそぼ！ 2

漢字の画数の合計が、縦、横、ななめですべて同じになるように、（　　）から漢字を選んで書こう。

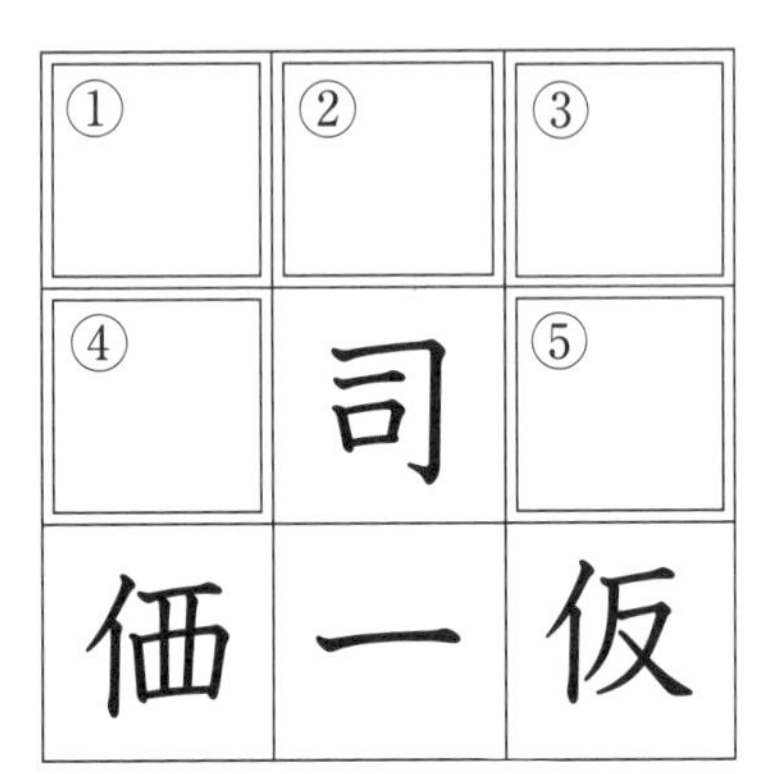

（ 快　争　弓　号
氏　丁　易　逆 ）

答えは 別冊標準解答 20 ページ

ステップ 6

漢字練習ノートは別冊8ページにあります

漢字	読み	画数	部首	部首名	漢字の意味	用例
久	音 キュウ、ク[高] 訓 ひさ(しい)	3	ノ	の はらいぼう	長くつづく	永久(えいきゅう)・持久走(じきゅうそう)・耐久(たいきゅう)・久遠(くおん)・久(ひさ)しぶりに会(あ)う
旧	音 キュウ 訓 ―	5	日	ひ	ふるい・むかし・もとからの	旧型(きゅうがた)・旧校舎(きゅうこうしゃ)・旧式(きゅうしき)・旧知(きゅうち)・旧友(きゅうゆう)・新旧(しんきゅう)・復旧(ふっきゅう)
救	音 キュウ 訓 すく(う)	11	攵	のぶん ぼくづくり	すくう・たすけ出す	救急(きゅうきゅう)・救済(きゅうさい)・救出(きゅうしゅつ)・救助(きゅうじょ)・救命(きゅうめい)・救(すく)い主(ぬし)・命(いのち)を救(すく)う
居	音 キョ 訓 い(る)	8	尸	かばね しかばね	すむところ・すわる	居住(きょじゅう)・住居(じゅうきょ)・転居(てんきょ)・居間(いま)・芝居(しばい)・犬(いぬ)が居(い)る
許	音 キョ 訓 ゆる(す)	11	言	ごんべん	願いを聞き入れて、ゆるす・みとめる	許可(きょか)・許容(きょよう)・特許(とっきょ)・免許(めんきょ)・心(こころ)を許(ゆる)す・入学(にゅうがく)を許(ゆる)す
境	音 キョウ、ケイ[中] 訓 さかい	14	土	つちへん	土地などのくぎり・まわりの状態(じょうたい)	境界(きょうかい)・県境(けんきょう／けんざかい)・国境(こっきょう／くにざかい)・心境(しんきょう)・秘境(ひきょう)・境内(けいだい)・境目(さかいめ)・見境(みさかい)
均	音 キン 訓 ―	7	土	つちへん	ならす・ひとしい	均一(きんいつ)・均質(きんしつ)・均整(きんせい)・均等(きんとう)・平均(へいきん)
禁	音 キン 訓 ―	13	示	しめす	とめる・やめさせる・とじこめる	禁煙(きんえん)・禁止(きんし)・禁物(きんもつ)・禁漁(きんりょう)・解禁(かいきん)・監禁(かんきん)・厳禁(げんきん)

月　日

ステップ 6

1 次の――線の漢字の読みをひらがなで書きなさい。

1 おぼれそうな子を救助する。
2 昨日、久しぶりにいとこに会った。
3 食後は家族みんなが居間でくつろぐ。
4 月ごとの平均気温をグラフに表す。
5 となり町との境に川が流れている。
6 父の旧友が家をたずねてきた。
7 病気が治って外出が許された。
8 救急箱の中の薬を入れかえる。
9 この公園ではボール遊びは禁止だ。
10 友の心境がいたいほどよくわかる。
11 平和が永久に続くことを願う。
12 気を許せる相手とじっくり話す。

日本人の作った漢字

漢字は中国で生まれましたが、その漢字にならって、日本で作られた字もあります。これを「国字（和字）」といいます。

<例>働＝「亻」＋「動」…人（亻）が動いて仕事をする

畑＝「火」＋「田」…草や木を火で焼いて作ったはたけ（田）

峠（とうげ）＝「山」＋「上」＋「下」…山の上りと下りの境目

2

漢字を二字組み合わせた熟語(じゅくご)では、二つの漢字の間に意味の上で、次のような関係があります。

ア　上の字が下の字の意味を説明（修飾(しゅうしょく)）しているもの。（例…海水）
イ　下の字から上の字へ返って読むと意味がよくわかるもの。（例…消火）

次の熟語は、右のア、イのどちらにあたるか、記号で答えなさい。

1 特技（　）
2 寄港（　）
3 快走（　）
4 加熱（　）
5 仮説（　）
6 物価（　）
7 永住（　）
8 転居（　）
9 休刊（　）
10 禁漁（　）

3

次の――線の漢字の読みは音読み（ア）ですか、訓読み（イ）ですか。答えは記号で書きなさい。

1 塩気（　）
2 塩分（　）
3 救命（　）
4 救い（　）
5 許可（　）
6 許し（　）
7 仮定（　）
8 仮住まい（　）
9 逆上がり（　）
10 逆転（　）

4 次の——線のカタカナを漢字になおしなさい。

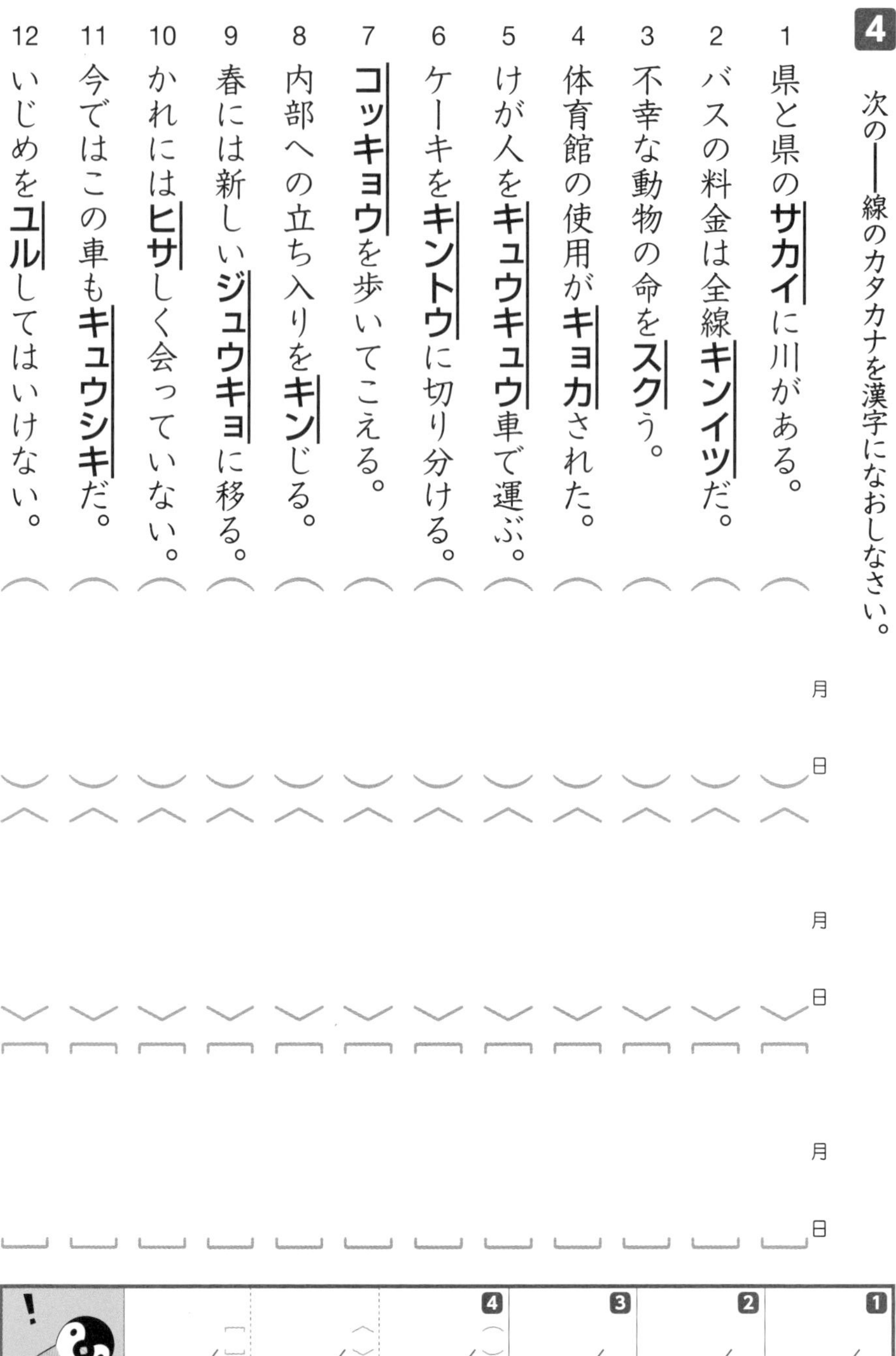

1 県と県の**サカイ**に川がある。

2 バスの料金は全線**キンイツ**だ。

3 不幸な動物の命を**スク**う。

4 体育館の使用が**キョカ**された。

5 けが人を**キュウキュウ**車で運ぶ。

6 ケーキを**キントウ**に切り分ける。

7 **コッキョウ**を歩いてこえる。

8 内部への立ち入りを**キン**じる。

9 春には新しい**ジュウキョ**に移る。

10 かれには**ヒサ**しく会っていない。

11 今ではこの車も**キュウシキ**だ。

12 いじめを**ユル**してはいけない。

月 日

月 日

月 日

1	2	3	4		
/12	/10	/10	/12	/12	/12

漢字練習ノートは別冊９ページにあります

ステップ 7

漢字	読み	画数	部首	部首名	漢字の意味	用例	筆順
句	音 ク／訓 —	5	口	くち	文のくぎり・単語の集まり・俳句(はいく)	句読点(くとうてん)・慣用句(かんようく)・語句(ごく)・節句(せっく)・俳句(はいく)・文句(もんく)	句 句 句 句 句
型	音 ケイ／訓 かた	9	土	つち	もとになるかた・手本	模型(もけい)・類型(るいけい)・型紙(かたがみ)・大型(おおがた)・旧型(きゅうがた)・血液型(けつえきがた)・小型(こがた)・新型(しんがた)	型 型 型 型 型 型 型 型 型
経	音 ケイ、キョウ中／訓 へ(る)	11	糸	いとへん	たて・通りすぎる・おさめる・南北の方向	経営(けいえい)・経験(けいけん)・経済(けいざい)・経理(けいり)・神経(しんけい)・経文(きょうもん)・月日(つきひ)を経(へ)る	経 経 経 経 経6 経 経 経 経 経
潔	音 ケツ／訓 いさぎよ(い)高	15	氵	さんずい	けがれがない	潔白(けっぱく)・簡潔(かんけつ)・高潔(こうけつ)・純潔(じゅんけつ)・清潔(せいけつ)・潔(いさぎよ)く身(み)を引(ひ)く	潔4 潔 潔 潔 潔 潔 潔 潔12 潔 潔15
件	音 ケン／訓 —	6	イ	にんべん	ことがら・ことがらを数えることば	件数(けんすう)・案件(あんけん)・事件(じけん)・条件(じょうけん)・物件(ぶっけん)・別件(べっけん)・用件(ようけん)	件 件 件 件 件 件
険	音 ケン／訓 けわ(しい)	11	阝	こざとへん	けわしい・あぶない・とげとげしい	険悪(けんあく)・危険(きけん)・冒険(ぼうけん)・保険(ほけん)・険(けわ)しい山道(やまみち)	険 険 険 険 険 険 険8 険 険 険
検	音 ケン／訓 —	12	木	きへん	しらべる・とりしまる	検温(けんおん)・検査(けんさ)・検算(けんざん)・検証(けんしょう)・検針(けんしん)・検討(けんとう)・車検(しゃけん)・点検(てんけん)	検 検 検 検4 検 検 検9 検 検 検

月　日

7

1 次の――線の漢字の読みをひらがなで書きなさい。

1 体型に合わせて服を作る。
2 この問題は長い年月を経て解決した。
3 会場は険悪な空気に包まれた。
4 ももの節句は三月三日だ。
5 できあがった車を一台ずつ点検する。
6 明日から大型の連休が始まる。
7 海外旅行の経験がある。
8 母は台所をいつも清潔にしている。
9 別件に関して説明をする。
10 むずかしい語句を用いる。
11 無神経な発言をしてしまった。
12 先生が険しい顔をして立っていた。

熟語(じゅくご)の組み立て方

二字の熟語の組み立て方には、主に次のようなものがあります。

①反対や対(つい)になる意味の字を組み合わせたもの（往来・売買）
②同じような意味の字を組み合わせたもの（居住・清潔）
③上の字が下の字を説明（修飾(しゅうしょく)）しているもの（国境・大群）
④下から上へ返って読むと意味がわかるもの（加熱・転居）

2 次の（　）にあてはまる漢字を下の〔　〕の中から選び、熟語(じゅくご)を作りなさい。

1 利（　）〔液・益・易〕
2 用（　）〔健・検・件〕
3 定（　）〔基・規・寄〕
4 正（　）〔確・各・画〕
5 （　）理〔軽・径・経〕
6 住（　）〔許・居・去〕
7 新（　）〔給・久・旧〕
8 （　）帯〔眼・岸・願〕
9 国（　）〔境・協・競〕
10 （　）港〔喜・寄・紀〕

3 次の――線のカタカナを漢字になおしなさい。

1 書類を正しく書き**ウツ**す。（　）
2 本だなを別の部屋に**ウツ**す。（　）
3 北国の寒さに体を**ナ**らす。（　）
4 ブザーが大きな音で**ナ**った。（　）
5 平**キン**台の上で軽くとぶ。（　）
6 明日はアユつりの解**キン**日だ。（　）
7 毎朝**ケン**温してから起きる。（　）
8 駅前の物**ケン**を見に行った。（　）
9 **エイ**久に戦争を起こさない。（　）
10 百貨店の**エイ**業時間がのびた。（　）
11 月は地球の**エイ**星だ。（　）

4 次の――線のカタカナを漢字になおしなさい。

1 ニュースで初めて**ジケン**を知った。（　　）
2 父は会社を**ケイエイ**している。（　　）
3 **クトウテン**の位置に注意しよう。（　　）
4 自動車保(ほ)**ケン**の説明を聞いた。（　　）
5 客が店員に**モンク**を言う。（　　）
6 相談の**ケンスウ**がふえている。（　　）
7 はさみで**カタガミ**を切る。（　　）
8 病院で**ケン**査(さ)を受ける。（　　）
9 予選を**ヘ**て全国大会に出場する。（　　）
10 自分の身の**ケッパク**をしめす。（　　）
11 工場に**シンガタ**の機械を入れる。（　　）
12 **ケワ**しい山道を一歩一歩登る。（　　）

月　日　　月　日　　月　日

1	2	3	4		
／12	／10	／11	（ ）／12	〈 〉／12	〔 〕／12

漢字練習ノートは別冊10ページにあります

ステップ 8

漢字	読み	画数	部首	部首名	漢字の意味	用例	筆順
限	音 ゲン 訓 かぎ(る)	9	阝	こざとへん	ここまでと、くぎる	限界(げんかい)・限定(げんてい)・限度(げんど)・期限(きげん)・最大限(さいだいげん)・制限(せいげん)・数(かず)を限(かぎ)る	限 限 限 限 限 限 限 限 限
現	音 ゲン 訓 あらわ(れる) あらわ(す)	11	王	おうへん たまへん	出てくる・見えてくる・いま目の前にある	現在(げんざい)・現実(げんじつ)・現象(げんしょう)・現場(げんば)・実現(じつげん)・表現(ひょうげん)・月(つき)が現(あらわ)れる	現 現 現 現 現 現 現8 現 現 現
減	音 ゲン 訓 へ(る) へ(らす)	12	氵	さんずい	少なくなる・少なくする・ひく・引き算	減少(げんしょう)・減税(げんぜい)・減速(げんそく)・減量(げんりょう)・加減(かげん)・増減(ぞうげん)・人口(じんこう)が減(へ)る	減3 減 減 減 減 減 減 減 減 減
故	音 コ 訓 ゆえ 中	9	攵	のぶん ぼくづくり	ふるい・なくなる・さしさわり・わざと	故意(こい)・故郷(こきょう)・故国(ここく)・故人(こじん)・事故(じこ)・若(わか)さ故(ゆえ)の失敗(しっぱい)	故 故 故 故 故 故 故 故 故
個	音 コ 訓 ―	10	亻	にんべん	ひとつ・ひとり・物を数えることば	個個(ここ)・個室(こしつ)・個人(こじん)・個性(こせい)・個体(こたい)	個 個 個 個 個 個 個 個 個 個
護	音 ゴ 訓 ―	20	言	ごんべん	まもる・かばう	護衛(ごえい)・護岸(ごがん)・護身(ごしん)・護送(ごそう)・愛護(あいご)・救護(きゅうご)・弁護士(べんごし)・保護(ほご)	護8 護10 護 護 護 護 護 護18 護 護
効	音 コウ 訓 き(く)	8	力	ちから	ききめ・しるし	効果(こうか)・効率(こうりつ)・効力(こうりょく)・発効(はっこう)・有効(ゆうこう)・効(き)き目(め)・薬(くすり)が効(き)く	効 効 効 効 効 効 効 効

月　日

ステップ 8

1

次の――線の漢字の読みをひらがなで書きなさい。

1 現実に起こったことを伝える。
2 護身のために空手を習う。
3 時間を有効に使って学ぶ。
4 晴天続きでダムの水量が減ってきた。
5 お別れの会で故人をしのぶ。
6 時間を限ってゲームをする。
7 成長に個人差があるのは当然だ。
8 昨日飲んだ薬がよく効いた。
9 町の人口は年々減少している。
10 かれ草の下から新芽が現れた。
11 かんづめには賞味（しょうみ）期限が記してある。
12 少しの気のゆるみが事故につながる。

部首ってなに？

部首は、漢字の意味や形が共通するものでグループ分けするときの基準（きじゅん）となる部分です。例えば「人・休・会」はすべて「人（ひと）」が部首です。「休」は「人→亻（にんべん）」、「会」は「人→𠆢（ひとやね）」とそれぞれ部首の形・名前が変化しています。このように、部首には漢字のどの部分に位置するかで、形や名前が変わるものもあります。

2 次の（　）にあてはまる漢字を下の〔　〕の中から選び、三字の熟語（じゅくご）を作りなさい。

1 最大（　）〔現・限・険〕
2 （　）住所〔減・限・現〕
3 （　）本線〔基・紀・規〕
4 血（　）型〔駅・益・液〕
5 大事（　）〔件・険・検〕
6 （　）界線〔居・境・許〕
7 血（　）計〔熱・暑・圧〕
8 表（　）力〔現・言・元〕
9 （　）生的〔永・衛・営〕
10 平（　）点〔禁・近・均〕

3 次の——線のカタカナを○の中の漢字と送りがな（ひらがな）で書きなさい。

〈例〉（投）ボールを**ナゲル**。（投げる）

1 （快）**ココロヨイ**音色をきく。（　）
2 （険）**ケワシイ**山を登る。（　）
3 （減）荷物を**ヘラス**。（　）
4 （移）海辺の町に**ウツリ**住む。（　）
5 （救）おぼれた犬を**スクウ**。（　）
6 （許）妹を**ユルス**つもりだ。（　）
7 （寄）荷物をはしに**ヨセル**。（　）
8 （慣）自動車の運転に**ナレル**。（　）
9 （限）入場は会員に**カギル**。（　）
10 （喜）観客が**ヨロコブ**。（　）

4 次の――線のカタカナを漢字になおしなさい。

1 せんでんのコウカが期待できる。
2 ココクからの便りはなつかしい。
3 思いを詩にヒョウゲンする。
4 作品には作家のコ性(せい)が出る。
5 ふざけるにもゲンドがある。
6 動物アイゴ週間が始まった。
7 見わたすカギりのコスモス畑だ。
8 水のむだづかいをヘらそう。
9 雲間から月がすがたをアラワす。
10 コイに皿をわったわけではない。
11 庭に面したコシツに案内された。
12 ごみのゲンリョウを心がける。

月 日
月 日
月 日

1	2	3	4		
/12	/10	/10	( ) /12	〈 〉 /12	[ ] /12

漢字	読み	画数	部首	部首名	漢字の意味	用例
厚	音 コウ中 訓 あつ(い)	9	厂	がんだれ	親切な・ぶあつい・豊(ゆた)かにする・恥(はじ)しらず	厚生(こうせい)・濃厚(のうこう)・厚紙(あつがみ)・厚着(あつぎ)・厚手(あつで)・手厚(てあつ)い・分厚(ぶあつ)い氷(こおり)
耕	音 コウ 訓 たがや(す)	10	耒	すきへん らいすき	たがやす	耕作(こうさく)・耕地(こうち)・晴耕雨読(せいこううどく)・農耕(のうこう)・田(た)を耕(たがや)す
航	音 コウ 訓 ――	10	舟	ふねへん	船で水をわたる・飛行機などで空をとぶ	航海(こうかい)・航空(こうくう)・航行(こうこう)・航路(こうろ)・欠航(けっこう)・就航(しゅうこう)・出航(しゅっこう)・渡航(とこう)
鉱	音 コウ 訓 ――	13	金	かねへん	地中にある金属(きんぞく)の原石	鉱業(こうぎょう)・鉱山(こうざん)・鉱石(こうせき)・鉱脈(こうみゃく)・炭鉱(たんこう)・鉄鉱(てっこう)
構	音 コウ 訓 かま(える) かま(う)	14	木	きへん	くみたてる・つくる・かこい	構成(こうせい)・構想(こうそう)・構造(こうぞう)・結構(けっこう)・身構(みがま)える・店(みせ)を構(かま)える
興	音 コウ キョウ 訓 おこ(る)高 おこ(す)高	16	臼	うす	さかんにする・おもしろく感じる	興奮(こうふん)・興亡(こうぼう)・振興(しんこう)・復興(ふっこう)・興味(きょうみ)・即興(そっきょう)・国(くに)を興(おこ)す
講	音 コウ 訓 ――	17	言	ごんべん	説明してきかせる・ならう・仲なおりする	講演(こうえん)・講義(こうぎ)・講師(こうし)・講習(こうしゅう)・講堂(こうどう)・講読(こうどく)・講話(こうわ)・聴講(ちょうこう)
告	音 コク 訓 つ(げる)	7	口	くち	知らせる・つげる・うったえる	告示(こくじ)・告知(こくち)・告白(こくはく)・原告(げんこく)・広告(こうこく)・報告(ほうこく)・時(とき)を告(つ)げる

月　日

ステップ 9

1 次の――線の漢字の読みをひらがなで書きなさい。

1 台風で飛行機が欠航になる。
2 友人に別れを告げて電車に乗る。
3 美しい鉱石を一列にならべる。
4 妹は草花に興味を持っている。
5 せまい農地を耕して野菜を作る。
6 会は十人の委員で構成されている。
7 教育に関する講演会を行う。
8 空は厚い雲におおわれている。
9 あれ地を切り開いて耕地にする。
10 相手のシュートにすばやく身構える。
11 シャツの上に厚手の上着をはおる。
12 新しくできた講堂(どう)で音楽会があった。

対義語とは？

漢字や熟語(じゅくご)で、反対の意味を持つものを「反対語（反意語）」といいます。また、「父」と「母」のように、対応する意味を持っている漢字や熟語を「対応語（対照語）」といいます。これらを合わせて、「対義語」とよびます。

<例>反対語…上ー下・最小ー最大
　　　対応語…黒ー白・起点ー終点

2 後の［　］の中のひらがなを漢字になおして、対義語（意味が反対や対（つい）になることば）を書きなさい。［　］の中のひらがなは一度だけ使い、漢字一字を書きなさい。

1 現実―理（　）
2 加速―（　）速
3 悪化―（　）転
4 不潔―（　）潔
5 集合―（　）散
6 仮名―（　）名
7 順風―（　）風
8 未来―（　）去
9 禁止―（　）可
10 基本―（　）用

おう・か・かい・ぎゃく・きょ・げん・こう・じつ・せい・そう

3 次の漢字の部首名と部首を書きなさい。部首名は、後の［　］から選んで記号で答えなさい。

〈例〉花・茶（ア）〔艹〕　部首名　部首

1 故・敗（　）〔　〕
2 句・告（　）〔　〕
3 効・功（　）〔　〕
4 厚・原（　）〔　〕
5 潔・河（　）〔　〕
6 限・険（　）〔　〕
7 許・護（　）〔　〕

ア くさかんむり　イ さんずい
ウ がんだれ　エ くち
オ こざとへん　カ ごんべん
キ ちから　ク ねづくり・こんづくり
ケ つつみがまえ　コ のぶん・ぼくづくり

4

次の——線のカタカナを漢字になおしなさい。

1 ヨットで太平洋を**コウカイ**する。
2 文集の表紙を**アツガミ**で作る。
3 太古の時代に**キョウミ**を持つ。
4 金の**コウザン**が発見される。
5 新聞に一面の**コウコク**をのせる。
6 畑を**タガヤ**して大根の種をまく。
7 弟は冬でも**アツギ**をしない。
8 交通安全の**コウシュウ**を受ける。
9 駅の近くに新居を**カマ**える。
10 農具で田畑を**コウサク**する。
11 外国から**テッコウ**石を調達する。
12 鳥の鳴き声が春を**ツ**げる。

月 日
月 日
月 日

1	2	3	4		
／12	／10	／7	／12	／12	／12

漢字	混	査	再	災	妻	採	際	在
読み	音 コン 訓 ま(じる) ま(ざる) ま(ぜる) こ(む)	音 サ 訓 ―	音 サイ サ 訓 ふたた(び)	音 サイ 訓 わざわ(い) 中	音 サイ 訓 つま	音 サイ 訓 と(る)	音 サイ 訓 きわ 高	音 ザイ 訓 あ(る)
画数	11	9	6	7	8	11	14	6
部首	氵	木	冂	火	女	扌	阝	土
部首名	さんずい	き	どうがまえ けいがまえ まきがまえ	ひ	おんな	てへん	こざとへん	つち
漢字の意味	まじっていっしょになる・はっきりしない	しらべる	もう一度・二回目の・もう一つさきの	悪いできごと	夫婦(ふうふ)で女のほう・つま	とり出す・つみとる・えらび出す	身のほど・まじわる・はて・そのとき	いる・ある・いなか
用例	混合(こんごう)・混雑(こんざつ)・混声(こんせい)・混同(こんどう)・混迷(こんめい)・混じり物(まじりもの)・人混み(ひとごみ)	査察(ささつ)・査証(さしょう)・査定(さてい)・検査(けんさ)・考査(こうさ)・探査(たんさ)・調査(ちょうさ)	再会(さいかい)・再開(さいかい)・再現(さいげん)・再生(さいせい)・再利用(さいりよう)・再び会う(ふたたびあう)	災害(さいがい)・災難(さいなん)・火災(かさい)・戦災(せんさい)・天災(てんさい)・防災(ぼうさい)・災いを招く(わざわいをまねく)	妻子(さいし)・妻帯(さいたい)・夫妻(ふさい)・良妻(りょうさい)・稲妻(いなずま)・人妻(ひとづま)	採血(さいけつ)・採光(さいこう)・採取(さいしゅ)・採点(さいてん)・採用(さいよう)・山菜採り(さんさいとり)・実を採る(みをとる)	際限(さいげん)・交際(こうさい)・国際(こくさい)・実際(じっさい)・際どい(きわどい)・一際(ひときわ)・窓際(まどぎわ)	在学(ざいがく)・在宅(ざいたく)・現在(げんざい)・自在(じざい)・実在(じつざい)・存在(そんざい)・点在(てんざい)・不在(ふざい)
筆順	混 2 混 混 混 混 混 混 混 混	査 査 査 査 査 査 査 査 査	再 再 再 再 再 再	災 災 災 災 災 災 災	妻 妻 妻 妻 妻 妻 妻 妻	採 採 採 採 採 採 採 採 採 採 11	際 際 際 際 5 際 際 際 際 際 12 際 14	在 在 在 在 在 在

月　日

ステップ 10

1 次の――線の漢字の読みをひらがなで書きなさい。

1 逆転のチャンスが再びめぐってきた。
2 仕事と個人的な生活を混同しない。
3 飲み水を検査して安全を確かめる。
4 おじ夫妻は昨日からるすにしている。
5 古紙を集めて工場で再生する。
6 火災が発生した原因を調べる。
7 わが家は採光にすぐれたつくりだ。
8 小説に実在の人物が登場する。
9 古いびんを再利用する。
10 十年ぶりに妻と二人で旅行する。
11 川の土手で母とツクシを採る。
12 国際交流がますますさかんになった。

類義語とは？

対義語に対して、意味がよくにた言葉のことを「類義語」といいます。意味が全く同じ言葉である「同義語（同意語）」をこれにふくめることもあります。類義語には、「意外－案外」「永久－永遠」のように共通の漢字があるものと、「返事－応答」「同意－賛成（さんせい）」のように、共通の漢字がないものとがあります。

2 次の漢字の太い画のところは筆順の何画目か、算用数字（1、2、3…）で答えなさい。

1 再（　）
2 興（　）
3 際（　）
4 減（　）
5 居（　）
6 在（　）
7 耕（　）
8 厚（　）
9 妻（　）
10 無（　）

3 次の語の中で――線の漢字の読みが訓読みのものを選び、記号で答えなさい。

1 〔ア 人妻（ひとづま）　イ 語句（ごく）　ウ 鉱山（こうざん）〕（　）
2 〔ア 山菜採り（さんさいと）　イ 明快（めいかい）　ウ 興（きょう）〕（　）
3 〔ア 調査（ちょうさ）　イ 再考（さいこう）　ウ 人混み（ひとご）〕（　）
4 〔ア 戦災（せんさい）　イ 厚紙（あつがみ）　ウ 個人（こじん）〕（　）
5 〔ア 実際（じっさい）　イ 経験（けいけん）　ウ 効き目（きめ）〕（　）
6 〔ア 在学（ざいがく）　イ 新型（しんがた）　ウ 清潔（せいけつ）〕（　）
7 〔ア 混合（こんごう）　イ 境目（さかいめ）　ウ 事故（じこ）〕（　）
8 〔ア 夜桜（よざくら）　イ 現代（げんだい）　ウ 大群（たいぐん）〕（　）

4 次の——線のカタカナを漢字になおしなさい。

1 相手にジッサイに会って話をする。
2 たまごと牛乳（ぎゅうにゅう）をマぜる。
3 風雨によるサイガイを防（ふせ）ぐ。
4 録音した音楽をサイセイする。
5 ザイコウ生代表であいさつする。
6 テストのサイテンを自分でする。
7 大通りの交通量をチョウサする。
8 山へ野草をトりに出かける。
9 コンセイ合唱団（だん）でソプラノを歌う。
10 家族はツマと子ども二人だ。
11 季節がフタタびめぐる。
12 仕事のためサイシとはなれてくらす。

月 日
月 日
月 日

	4	3	2	1
［　］／12 ＜　＞／12	（　）／12	／8	／10	／12

力だめし

第2回

総得点 /100

評価 A B C D E（80点 75点 70点 60点）

月　日

1 次の――線の漢字の読みをひらがなで書きなさい。

2×10 /20

1 いくら注意しても効き目がない。
2 フェリーが出航する。
3 なりふり構わず必死に働く。
4 ケーキを均等に分ける。
5 アユ漁が解禁の時期になった。
6 博物館で鉱石の標本を見た。
7 居住空間が広い家を建てる。
8 今日は家に居るつもりだ。
9 農耕に適(てき)した土地だ。
10 晴れた日には田畑を耕す。

2 漢字の読みには音と訓があります。次の熟語(じゅくご)の読みは□の中のどの組み合わせになっていますか。ア～エの記号で答えなさい。

2×10 /20

ア 音と音　イ 音と訓
ウ 訓と訓　エ 訓と音

1 道順(みちじゅん)
2 花束(はなたば)
3 清潔(せいけつ)
4 旧型(きゅうがた)
5 桜草(さくらそう)
6 境目(さかいめ)
7 新芽(しんめ)
8 金額(きんがく)
9 厚着(あつぎ)
10 興味(きょうみ)

3 次の（　）にあてはまる漢字を下の〔　〕の中から選び、三字の熟語(じゅくご)を作りなさい。

3×10 /30

1 永（　）歯 〔急・久・求〕
2 無期（　）〔元・原・限〕
3 逆（　）果 〔効・幸・興〕
4 本（　）的 〔格・画・各〕
5 大事（　）〔県・件・検〕
6 無事（　）〔故・古・庫〕
7 （　）本線 〔希・基・汽〕
8 （　）実的 〔言・原・現〕
9 方（　）紙 〔元・眼・願〕
10 検（　）室 〔左・差・査〕

---

4 次の――線のカタカナを漢字になおしなさい。

3×10 /30

1 **コクサイ**電話をかける。（　）
2 言葉の意味を**コンドウ**する。（　）
3 ヒーローが世界を**スク**う。（　）
4 社員を新たに**サイヨウ**する。（　）
5 完成への道のりは**ケワ**しい。（　）
6 人のあやまちを**ユル**す。（　）
7 初心者向けの**コウシュウ**を受ける。（　）
8 **タイガ**の流れにそって進む。（　）
9 パリを**ヘ**てロンドンに行く。（　）
10 かぜによる欠席者が**ヘ**った。（　）

クイズであそぼ！ 3

漢字が、部首（上のワニ）と、そうでない部分（下のワニ）とに分かれているよ。うまく組み合わせて、六つの漢字を完成させよう。

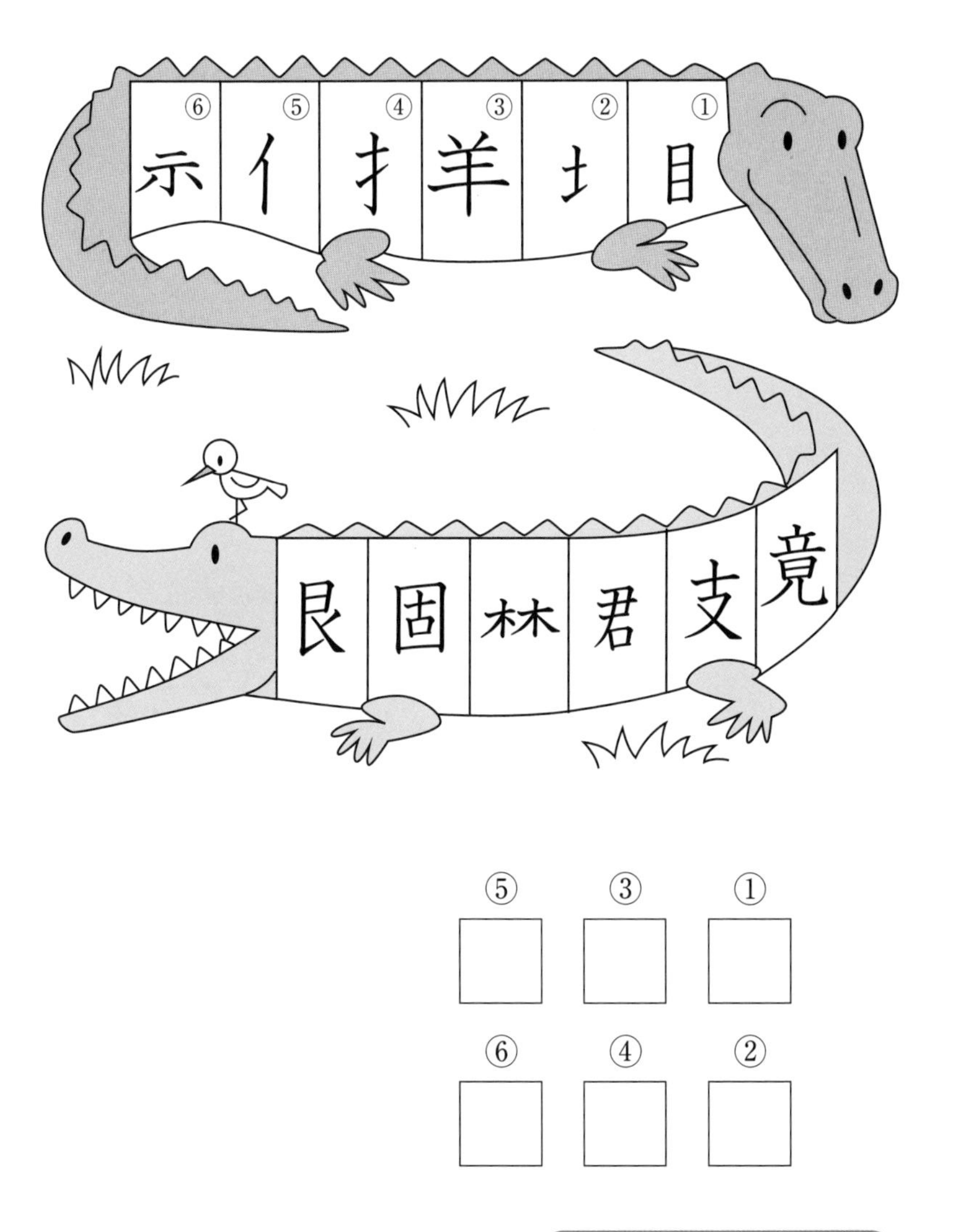

答えは 別冊標準解答 20 ページ

クイズであそぼ！ 4

葉っぱにある四つの部分を組み合わせて、漢字を完成させよう。

答えは 別冊標準解答 20 ページ

漢字練習ノートは別冊13ページにあります

ステップ 11

漢字	読み	画数	部首	部首名	漢字の意味	用例	筆順
財	音 ザイ、サイ 中 / 訓 —	10	貝	かいへん	ねうちのあるもの	財貨(ざいか)・財産(ざいさん)・財政(ざいせい)・家財(かざい)・私財(しざい)・文化財(ぶんかざい)・財布(さいふ)	財 財 財 財 財 財 財 財 財 財
罪	音 ザイ / 訓 つみ	13	罒	あみがしら・あみめ・よこめ	法にふれるおこない・道徳に反すること	罪悪(ざいあく)・罪状(ざいじょう)・功罪(こうざい)・謝罪(しゃざい)・犯罪(はんざい)・無罪(むざい)・罪深(つみぶか)い	罪 罪 罪 罪 罪 罪 罪8 罪 罪 罪13
殺	音 サツ、サイ 高、セツ 高 / 訓 ころ(す)	10	殳	るまた・ほこづくり	ころす・なくす・消す・あらあらしい	殺気(さっき)・殺風景(さっぷうけい)・黙殺(もくさつ)・相殺(そうさい)・殺生(せっしょう)・息(いき)を殺(ころ)す	殺 殺 殺 殺 殺 殺 殺 殺 殺 殺
雑	音 ザツ、ゾウ / 訓 —	14	隹	ふるとり	いりまじる・大ざっぱ・大事でない	雑音(ざつおん)・雑貨(ざっか)・雑草(ざっそう)・混雑(こんざつ)・複雑(ふくざつ)・雑木(ぞうき)・雑炊(ぞうすい)・雑魚(ざこ)	雑 雑 雑6 雑 雑 雑 雑 雑 雑13 雑
酸	音 サン / 訓 す(い) 高	14	酉	とりへん	すっぱい・つらい・「酸素(さんそ)」の略(りゃく)	酸化(さんか)・酸性(さんせい)・酸素(さんそ)・酸味(さんみ)・胃酸(いさん)・炭酸(たんさん)・酸(す)っぱい実(み)	酸 酸3 酸5 酸 酸 酸 酸 酸11 酸13 酸
賛	音 サン / 訓 —	15	貝	かい・こがい	ほめる・たすける・同意する	賛辞(さんじ)・賛成(さんせい)・賛同(さんどう)・賛否(さんぴ)・協賛(きょうさん)・賞賛(しょうさん)・称賛(しょうさん)・絶賛(ぜっさん)	賛2 賛 賛 賛6 賛 賛 賛 賛 賛13 賛15
士	音 シ / 訓 —	3	士	さむらい	すぐれた男子・さむらい・ある資格(しかく)をもつ人	士気(しき)・運転士(うんてんし)・紳士(しんし)・飛行士(ひこうし)・武士(ぶし)・博士(はかせ/はくし)	士 士 士
支	音 シ / 訓 ささ(える)	4	支	し	わける・お金をはらう・わりあてる・たすける	支援(しえん)・支持(しじ)・支出(ししゅつ)・支度(したく)・支柱(しちゅう)・支店(してん)・屋根(やね)を支(ささ)える	支 支 支 支

月　日

ステップ 11

1 次の――線の漢字の読みをひらがなで書きなさい。

1 言い争う二人は殺気を帯びていた。
2 今月は先月より支出がふえた。
3 河原には雑草がおいしげっている。
4 健康も大きな財産の一つだ。
5 発表者の意見に賛同する。
6 駅の改札口が混雑する。
7 炭酸の入った飲み物を買う。
8 学級会でテレビの功罪について話す。
9 宇宙（うちゅう）飛行士から訓練の話を聞く。
10 足を支えてもらって逆立ちをする。
11 兄は虫も殺せないやさしい人だ。
12 弱い者いじめをするのは罪だ。

熟語（じゅくご）の読み方①
―重箱（ジュウばこ）読み―

二字の熟語の読み方には四通り（❶音・音　❷音・訓　❸訓・訓　❹訓・音）あります。このうち❷の「初めの漢字を音で読み、後の漢字を訓で読む」読み方のことを「重箱読み」といいます。「ジュウ（重）」は「音読み」、「はこ（箱）」は「訓読み」です。

（熟語の読み方②に続く。）

<例>王様（オウさま）・絵筆（エふで）・急場（キュウば）・試合（シあい）・字引（ジびき）・台所（ダイどころ）・団子（ダンご）・本屋（ホンや）

2 次のカタカナを漢字になおし、一字だけ書きなさい。

1 平**キン**台（　）
2 **キ**本的（　）
3 不**サン**成（　）
4 競**ギ**場（　）
5 無神**ケイ**（　）
6 祝**ガ**会（　）
7 不合**カク**（　）
8 再検**サ**（　）
9 句**トウ**点（　）
10 新**カン**線（　）

3 次の漢字と反対や対(つい)になる意味の漢字を、後の□の中から選んで（　）に入れ、熟語(じゅくご)を作りなさい。

1 発（　）
2 加（　）
3 （　）夜
4 （　）楽
5 夫（　）
6 売（　）
7 自（　）
8 新（　）
9 明（　）
10 （　）重

暗・軽・旧・苦・減・妻・昼・他・着・買

4 次の――線のカタカナを漢字になおしなさい。

1 容疑(ようぎ)者の**ムザイ**が確定する。（　　）
2 **ウンテンシ**が車内を点検する。（　　）
3 みかんの**サンミ**に顔をしかめる。（　　）
4 大きな老木を丸太で**ササ**える。（　　）
5 大会に向けて部員の**シキ**が上がる。（　　）
6 **ザツオン**のため聞き取りにくい。（　　）
7 息を**コロ**して身をひそめる。（　　）
8 京都には**ブンカザイ**が多い。（　　）
9 朝顔のはちに**シチュウ**を立てる。（　　）
10 **ゾウキ**林できのこを採る。（　　）
11 活動計画の原案に**サンセイ**する。（　　）
12 **ツミ**をにくんで人をにくまず（　　）

月　日　月　日　月　日

	1	2	3	4		
	／12	／10	／10	／12	／12	／12

ステップ 12

漢字練習ノートは別冊 14 ページにあります

漢字	読み（音）	読み（訓）	画数	部首	部首名	漢字の意味	用例	筆順
史	シ	―	5	口	くち	ふみ・歴史(れきし)・記録にたずさわる役人	史実(しじつ)・史跡(しせき)・有史(ゆうし)・歴史(れきし)	
志	シ	こころざ(す) こころざし	7	心	こころ	あることをしようと思う・心づかい・気持ち	志願(しがん)・志望(しぼう)・意志(いし)・寸志(すんし)・大志(たいし)・有志(ゆうし)・学問(がくもん)に志(こころざ)す	
枝	シ 高	えだ	8	木	きへん	木のえだ・大もとからわかれたもの	枝葉(しよう・えだは)・枝豆(えだまめ)・枝道(えだみち)・枝分(えだわ)かれ・枯(か)れ枝(えだ)・小枝(こえだ)	
師	シ	―	10	巾	はば	先生・宗教(しゅうきょう)の指導者(しどうしゃ)・特定の技能(ぎのう)をもった人	師事(しじ)・師匠(ししょう)・医師(いし)・恩師(おんし)・技師(ぎし)・教師(きょうし)・講師(こうし)・漁師(りょうし)	
資	シ	―	13	貝	かい こがい	もとになる物やお金・生まれつき・身分	資格(しかく)・資金(しきん)・資源(しげん)・資産(しさん)・資本(しほん)・資料(しりょう)・投資(とうし)・物資(ぶっし)	
飼	シ	か(う)	13	飠	しょくへん	動物をやしなう	飼育(しいく)・飼育係(しいくがかり)・飼料(しりょう)・放(はな)し飼(が)い・ウサギを飼(か)う	
示	ジ シ 中	しめ(す)	5	示	しめす	はっきりと見せる・しらせる	示談(じだん)・指示(しじ)・提示(ていじ)・表示(ひょうじ)・明示(めいじ)・示唆(しさ)・手本(てほん)を示(しめ)す	
似	ジ 中	に(る)	7	亻	にんべん	同じように見える・にている	類似(るいじ)・似合(にあ)う・似顔絵(にがおえ)・似通(にかよ)う・空似(そらに)・父(ちち)に似(に)る	

月　日

ステップ 12

1 次の――線の漢字の読みをひらがなで書きなさい。

1 歴史(れき)に残る事件が起きた。
2 町の産業に関する資料を集める。
3 学校でウサギを飼育する。
4 ヤナギの枝が風で大きくゆれる。
5 姉が母の似顔絵をかいている。
6 兄はいつも自分の意志をつらぬく。
7 有名な講師の話を聞きに行く。
8 資金を集めて事業を始める。
9 実験の手順を先生に示してもらう。
10 水そうでメダカを飼って観察する。
11 新しい服がとてもよく似合っている。
12 食品の成分を細かく表示する。

熟語(じゅくご)の読み方②
―湯桶(ゆトウ)読み―

重箱読みに対して、「初めの漢字を訓で読み、後の漢字を音で読む」読み方（P.60コラムの❹）を「湯桶読み」といいます。「湯桶」とは、注ぎ口と柄(え)のついた、湯をつぐための木製(もくせい)の器具のことで、「ゆ（湯）」は「訓読み」、「トウ（桶）」は「音読み」です。
<例>雨具(あまグ)・油絵(あぶらエ)・係員(かかりイン)・桜草(さくらソウ)・関所(せきショ)・荷物(にモツ)・丸太(まるタ)・夕刊(ゆうカン)

2 次の——線のカタカナにあてはまる漢字を後の□の中から選び、記号で答えなさい。□の中の漢字は一度しか使えません。

1 足りない物**シ**を送る。（　　）
2 弟の学校は**シ**願者が多い。（　　）
3 日本画の大家に**シ**事している。（　　）
4 全員に**シ**持されて委員になる。（　　）
5 夫が**サイ**子について話す。（　　）
6 **サイ**初に計画を立てる。（　　）
7 外国の会社に**サイ**用された。（　　）
8 **サイ**害に対するそなえをする。（　　）

ア 妻　イ 志　ウ 採　エ 資
オ 支　カ 災　キ 師　ク 最

3 後の□の中のひらがなを漢字になおして、類義語（意味がよくにたことば）を書きなさい。□の中のひらがなは一度だけ使い、漢字一字を書きなさい。

1 教員—教（　　）
2 説明—（　　）説
3 体験—（　　）験
4 関心—（　　）味
5 永遠—永（　　）
6 火事—火（　　）
7 平等—（　　）等
8 指図—指（　　）
9 着目—着（　　）
10 返答—（　　）答

おう・かい・がん・きゅう・きょう・きん・けい・さい・し・じ

4 次の――線のカタカナを漢字になおしなさい。

1 自分にも受験のシカクがある。
2 イシから入院中の注意があった。
3 兄は音楽家をココロザしている。
4 木のエダに鳥がとまっている。
5 気温の変化をグラフでシメす。
6 キョウシが黒板に解説を書く。
7 池で大きなコイをカっている。
8 努力してシボウ校に合格した。
9 梅のコエダのつぼみがふくらむ。
10 わたしは父よりも母にニている。
11 先生のシジにしたがう。
12 歴シ(れき)はくり返す

（　　）（　　）（　　）（　　）（　　）（　　）（　　）（　　）（　　）（　　）（　　）（　　）

月　日

〈　　〉〈　　〉〈　　〉〈　　〉〈　　〉〈　　〉〈　　〉〈　　〉〈　　〉〈　　〉〈　　〉〈　　〉

月　日

［　　］［　　］［　　］［　　］［　　］［　　］［　　］［　　］［　　］［　　］［　　］［　　］

月　日

1	2	3	4			
／12	／8	／10	（　）／12	〈　〉／12	［　］／12	

漢字練習ノートは別冊 15 ページにあります

ステップ 13

漢字	読み	画数	部首	部首名	漢字の意味	用例	筆順
識	音 シキ／訓 ―	19	言	ごんべん	見分ける・考えをもつ・しるし	識別(しきべつ)・意識(いしき)・学識(がくしき)・常識(じょうしき)・知識(ちしき)・認識(にんしき)・標識(ひょうしき)・良識(りょうしき)	識4 識7 識9 識11 識 識14 識16 識 識 識
質	音 シツ、シチ[中]、チ[高]／訓 ―	15	貝	かい、こがい	生まれつき・なかみ・ただす・ありのまま	質素(しっそ)・質問(しつもん)・性質(せいしつ)・素質(そしつ)・品質(ひんしつ)・物質(ぶっしつ)・人質(ひとじち)・言質(げんち)	質 質 質 質 質6 質8 質 質 質13 質15
舎	音 シャ／訓 ―	8	舌	した	いえ、やど、建物・自分の	舎監(しゃかん)・駅舎(えきしゃ)・校舎(こうしゃ)・宿舎(しゅくしゃ)・庁舎(ちょうしゃ)・田舎(いなか)	舎 舎 舎 舎 舎 舎 舎 舎
謝	音 シャ／訓 あやま(る)[中]	17	言	ごんべん	礼を言う・わびる・ことわる	謝恩(しゃおん)・謝罪(しゃざい)・感謝(かんしゃ)・代謝(たいしゃ)・陳謝(ちんしゃ)・平謝(ひらあやま)り・素直(すなお)に謝(あやま)る	謝7 謝 謝 謝 謝12 謝 謝 謝 謝 謝
授	音 ジュ／訓 さず(ける)[中]、さず(かる)[中]	11	扌	てへん	あたえる・さずける	授業(じゅぎょう)・授受(じゅじゅ)・授賞(じゅしょう)・教授(きょうじゅ)・伝授(でんじゅ)・子(こ)どもを授(さず)かる	授 授 授 授 授 授 授 授9 授 授
修	音 シュウ、シュ[中]／訓 おさ(める)、おさ(まる)	10	亻	にんべん	かざる・なおす・学んで高める	修学(しゅうがく)・修理(しゅうり)・改修(かいしゅう)・研修(けんしゅう)・補修(ほしゅう)・修行(しゅぎょう)・学業(がくぎょう)を修(おさ)める	修 修 修 修 修 修 修 修 修 修
述	音 ジュツ／訓 の(べる)	8	辶	しんにょう、しんにゅう	ことばで、のべる	述語(じゅつご)・記述(きじゅつ)・詳述(しょうじゅつ)・著述(ちょじゅつ)・陳述(ちんじゅつ)・意見(いけん)を述(の)べる	述 述 述 述 述 述 述 述

月　日

ステップ 13

1 次の――線の漢字の読みをひらがなで書きなさい。

1 姉は大学で医学を修めた。
2 子ども議会で市長に質問した。
3 有識者が集まって会議をする。
4 来年旧校舎が取りこわされる予定だ。
5 教授のもとで研究にいそしむ。
6 ビルの改修工事が始まる。
7 父は植物に関する知識がゆたかだ。
8 学級会で勇気を出して意見を述べた。
9 身の回りの化学物質について調べる。
10 社長が会見で謝罪する。
11 おばから茶の湯の作法を伝授された。
12 運動して体の代謝を上げる。

「眼鏡」はなんと読む？

「眼鏡」は「めがね」と読みますが、「眼」を「め」、「鏡」を「がね」と読んでいるわけではありません。「眼鏡」という二字がそろって初めて「めがね」と読むのです。「一日」という熟語（じゅくご）は「ついたち」、「七夕」という熟語は「たなばた」と読みます。このような熟語単位の特別な読み方は、注意して覚えましょう。

2 次の（　）にあてはまる漢字を後の［　］の中から選び、熟語(じゅくご)を二つずつ作りなさい。

1 事（　）・事（　）

2 検（　）・検（　）

3 衛（　）・衛（　）

4 解（　）・解（　）

5 資（　）・資（　）

温・金・決・件・故・算・散・生・星・本

3 次の漢字と同じような意味の漢字を、後の［　］の中から選んで（　）に入れ、熟語(じゅくご)を作りなさい。

1 （　）本

2 （　）等

3 検（　）

4 （　）止

5 清（　）

6 通（　）

7 （　）取

8 利（　）

9 （　）望

10 （　）助

過・均・禁・査・救・採・益・志・基・潔

4 次の――線のカタカナを漢字になおしなさい。

1 ヒンシツのよい紙を使う。
2 研究を積み学問をオサめる。
3 本番前にイシキを集中させる。
4 大勢(おおぜい)の人からカンシャされる。
5 古い自転車をシュウリに出した。
6 午後のジュギョウが始まった。
7 選手がシュクシャにもどって休む。
8 反対する理由をノべる。
9 シュウガク旅行で京都へ行く。
10 食事に注意してタイシツを変える。
11 理科室はコウシャの二階にある。
12 主語に対するジュツゴをさがす。

月 日
月 日
月 日

1	2	3	4		
/12	/5	/10	/12	/12	/12

漢字練習ノートは別冊16ページにあります

ステップ 14

漢字	読み	画数	部首	部首名	漢字の意味	用例	筆順
術	音 ジュツ / 訓 —	11	行	ぎょうがまえ ゆきがまえ	わざ・やり方・方法・はかりごと	術策(じゅっさく)・学術(がくじゅつ)・技術(ぎじゅつ)・芸術(げいじゅつ)・手術(しゅじゅつ)・美術(びじゅつ)・話術(わじゅつ)	2
準	音 ジュン / 訓 —	13	氵	さんずい	よりどころ・そなえる・それに次ぐ	準拠(じゅんきょ)・準決勝(じゅんけっしょう)・準備(じゅんび)・基準(きじゅん)・照準(しょうじゅん)・水準(すいじゅん)・標準(ひょうじゅん)	3, 10
序	音 ジョ / 訓 —	7	广	まだれ	はじめ・順番をつける	序曲(じょきょく)・序の口(じょのくち)・序文(じょぶん)・序幕(じょまく)・序列(じょれつ)・順序(じゅんじょ)・秩序(ちつじょ)	
招	音 ショウ / 訓 まね(く)	8	扌	てへん	人を呼(よ)びよせる・まねく	招集(しょうしゅう)・招請(しょうせい)・招待(しょうたい)・招致(しょうち)・招来(しょうらい)・手招(てまね)き・客(きゃく)を招(まね)く	
証	音 ショウ / 訓 —	12	言	ごんべん	あかしをたてる・うけあう	証言(しょうげん)・証拠(しょうこ)・証書(しょうしょ)・証人(しょうにん)・証明(しょうめい)・暗証(あんしょう)・確証(かくしょう)・検証(けんしょう)	4, 6
象	音 ショウ ゾウ / 訓 —	12	豕	ぶた いのこ	すがた・ありさま・かたどる・ゾウ	象形(しょうけい)・象徴(しょうちょう)・印象(いんしょう)・気象(きしょう)・現象(げんしょう)・対象(たいしょう)・抽象(ちゅうしょう)・象牙(ぞうげ)	2, 10
賞	音 ショウ / 訓 —	15	貝	かい こがい	ほめる・ほうび・あじわって楽しむ	賞金(しょうきん)・賞状(しょうじょう)・賞品(しょうひん)・賞与(しょうよ)・観賞(かんしょう)・鑑賞(かんしょう)・受賞(じゅしょう)・入賞(にゅうしょう)	8, 10, 12, 15
条	音 ジョウ / 訓 —	7	木	き	すじみち・すじ・一つ一つ示したもの	条件(じょうけん)・条項(じょうこう)・条約(じょうやく)・条例(じょうれい)・箇条(かじょう)・金科玉条(きんかぎょくじょう)・信条(しんじょう)	

月　日

ステップ 14

1 次の――線の漢字の読みをひらがなで書きなさい。

1 協力して作業が順序よくはかどる。
2 友達の家の夕食に招待されている。
3 弟のチームは準決勝にこまを進めた。
4 通信技術の進歩はめざましい。
5 大豆を使って発芽の条件を調べる。
6 わずかな不注意が事故を招いた。
7 山の高さは海面を基準にしてはかる。
8 庭園の見事なバラを観賞する。
9 身分を証明する書類をそろえる。
10 世界でも有名な美術品がかざられる。
11 大会で上位の入賞を目指す。
12 中学生を対象にアンケートを行う。

数を使った熟語(じゅくご)

熟語の中には、漢数字を使ったものが多くあります。
<例>二字の熟語…再三・七光
三字の熟語…二枚舌(にまいじた)・腹八分(はらはちぶ)
四字の熟語…一挙両得(いっきょりょうとく)・一石二鳥・三寒四温・三三五五・四苦八苦・七転八起・十人十色(じゅうにんといろ)・百発百中・千差万別(せんさばんべつ)

2 次のカタカナを漢字になおし、一字だけ書きなさい。

1 未**カイ**決
2 **カ**分数
3 **ギャク**回転
4 無意**シキ**
5 老**ガン**鏡
6 **サイ**利用
7 習**カン**化
8 初出**エン**
9 調**サ**官
10 鉄**コウ**石

3 漢字の読みには音と訓があります。次の熟語(じゅくご)の読みは□の中のどの組み合わせになっていますか。ア〜エの記号で答えなさい。

ア 音と音　イ 音と訓
ウ 訓と訓　エ 訓と音

1 医(い)師(し)
2 葉(は)桜(ざくら)
3 消(けし)印(いん)
4 手(しゅ)術(じゅつ)
5 枝(えだ)道(みち)
6 試(し)合(あい)
7 厚(あつ)紙(がみ)
8 耕(こう)作(さく)
9 建(たて)具(ぐ)
10 現(げん)場(ば)

4 次の――線のカタカナを漢字になおしなさい。

1 **ギジュツ**者がロボットを開発する。
2 体重が**ヒョウジュン**をこえた。
3 発表会に友人を**ショウタイ**する。
4 実験の正しさを**ケンショウ**する。
5 本の**ジョブン**を興味深く読む。
6 漁業に関する**ジョウヤク**を結ぶ。
7 不思議な**ゲンショウ**が起きる。
8 **アンショウ**番号を入力する。
9 音楽会に友人を**マネ**く。
10 三位のメダルと**ショウヒン**をもらう。
11 初対面でよい**インショウ**をもつ。
12 **ゲイジュツ**に国境はない。

（ ）月 日 〈 〉月 日 [ ]月 日

1	2	3	4		
／12	／10	／10	（ ）／12	〈 〉／12	[ ]／12

ステップ 15

漢字	読み	画数	部首	部首名	漢字の意味	用例	筆順
状	音 ジョウ／訓 ―	7	犬	いぬ	ようす・ありさま・言いあらわす・書いたもの	状況(じょうきょう)・状態(じょうたい)・実状(じつじょう)・賞状(しょうじょう)・年賀状(ねんがじょう)・白状(はくじょう)・礼状(れいじょう)	状 状 状 状 状 状 状
常	音 ジョウ／訓 つね・とこ 高	11	巾	はば	いつも同じ・つねに・ふつう・あたりまえの	常温(じょうおん)・常備(じょうび)・正常(せいじょう)・日常(にちじょう)・非常(ひじょう)・常日(つねひ)ごろ・常夏(とこなつ)	常 常 常 常 常 常7 常 常 常 常
情	音 ジョウ・セイ 高／訓 なさ(け)	11	忄	りっしんべん	思いやる心・ありさま・心のはたらき・味わい	情景(じょうけい)・情熱(じょうねつ)・感情(かんじょう)・人情(にんじょう)・友情(ゆうじょう)・風情(ふぜい)・情(なさ)け深(ぶか)い	情 情 情 情 情 情 情 情 情 情11
織	音 ショク 高・シキ／訓 お(る)	18	糸	いとへん	布(ぬの)をおる・くみたてる	染織(せんしょく)・紡織(ぼうしょく)・組織(そしき)・織物(おりもの)・羽織(はおり)・機織(はたお)り・布(ぬの)を織(お)る	織 織3 織6 織8 織10 織 織15 織 織 織
職	音 ショク／訓 ―	18	耳	みみへん	仕事・役目・仕事の技術	職場(しょくば)・休職(きゅうしょく)・求職(きゅうしょく)・辞職(じしょく)・就職(しゅうしょく)・転職(てんしょく)・内職(ないしょく)・復職(ふくしょく)	職 職 職4 職 職 職11 職15 職 職 職
制	音 セイ／訓 ―	8	刂	りっとう	とりきめる・支配する・つくる	制限(せいげん)・制作(せいさく)・制度(せいど)・制服(せいふく)・管制(かんせい)・規制(きせい)・強制(きょうせい)・専制(せんせい)	制 制 制 制 制 制 制 制
性	音 セイ・ショウ 中／訓 ―	8	忄	りっしんべん	生まれつき・男女の別・物事の特徴(とくちょう)	性格(せいかく)・性質(せいしつ)・個性(こせい)・酸性(さんせい)・陽性(ようせい)・性分(しょうぶん)・気性(きしょう)・根性(こんじょう)	性 性 性 性 性 性 性 性

月　日

ステップ 15

1 次の――線の漢字の読みをひらがなで書きなさい。

1 高かった血圧が正常にもどる。
2 会社の上司が急に辞職する。
3 生き生きとした表情を写真にとった。
4 野菜を常温で保存(ほぞん)する。
5 お世話になった人に年賀状を出す。
6 毛織物のコートはあたたかい。
7 情け深い人に助けられる。
8 作文が入選して賞状をもらった。
9 妹は明るい性格でクラスの人気者だ。
10 交通事故のため通行が規制される。
11 はた織りの音が聞こえてくる。
12 自分の好きなことに情熱を注ぐ。

同音異字(いじ)・同音異義語

漢字や熟語(じゅくご)の中には、同じ音読みをするものがあり、耳で聞いただけでは意味がわからない場合があります。例えば、「ジョウ」という同じ音を持つ漢字（同音異字）だけでも、「上」「条」「状」「乗」「常」「情」「場」など、たくさんあります。また、「性格」と「正確」のように、同じ音の熟語（同音異義語）も多くあります。

2 後の［　］の中のひらがなを漢字になおして、対義語（意味が反対や対になることば）と、類義語（意味がよくにたことば）を書きなさい。［　］の中のひらがなは一度だけ使い、漢字一字を書きなさい。

対義語

1 気体—（　）体
2 回答—（　）問
3 合成—分（　）
4 反対—（　）成
5 本店—（　）店

えき・かい・さん・し・しつ

類義語

6 目的—目（　）
7 動機—原（　）
8 返事—（　）答
9 順番—順（　）
10 苦情—文（　）

いん・おう・く・じょ・ひょう

3 次の漢字の総画数は何画か、算用数字（1、2、3…）で答えなさい。

1 似（　）
2 険（　）
3 確（　）
4 職（　）
5 常（　）
6 構（　）
7 織（　）
8 減（　）
9 興（　）
10 酸（　）

4 次の——線のカタカナを漢字になおしなさい。

1 お中元の品の**レイジョウ**を書く。
2 登場人物の**シンジョウ**を読み取る。
3 母は**ツネ**に笑顔(えがお)をわすれない。
4 参加者の人数を**セイゲン**する。
5 **ショクイン**室に先生をたずねる。
6 全体で**ソシキ**的な活動をする。
7 **カンジョウ**が顔に出やすい人だ。
8 **サンセイ**雨に関する研究をする。
9 父は会社をやめて**テンショク**した。
10 この町は**オリモノ**業で有名だ。
11 税金(ぜいきん)の**セイド**について調べる。
12 **ナサ**けは人のためならず

月 日
月 日
月 日

	〔 〕 /12	〈 〉 /12	4 （ ） /12	3 /10	2 /10	1 /12

ステップ 11－15

力だめし 第3回

総得点 ／100

評価 A 80点 B 75点 C 70点 D 60点 E

月　日

1 次の――線の漢字の読みをひらがなで書きなさい。 2×10 ／20

1 両国間で条約を結ぶ。（　）
2 受賞の知らせを受け取る。（　）
3 重要な文化財を見学する。（　）
4 学問を修めて研究者になる。（　）
5 あの兄弟は顔がよく似ている。（　）
6 有名な先生の授業を受ける。（　）
7 友人から感謝の手紙をもらう。（　）
8 人をだますのは罪深いことだ。（　）
9 青虫を飼育箱に入れた。（　）
10 飼い犬に手をかまれる（　）

2 漢字を二字組み合わせた熟語(じゅくご)では、二つの漢字の間に意味の上で、次のような関係があります。 2×10 ／20

ア 反対や対(つい)になる意味の字を組み合わせたもの。（例…上下）
イ 同じような意味の字を組み合わせたもの。（例…森林）
ウ 上の字が下の字の意味を説明(修飾(しゅうしょく))しているもの。（例…海水）
エ 下の字から上の字へ返って読むと意味がよくわかるもの。（例…消火）

次の熟語は、右のア～エのどれにあたるか、記号で答えなさい。

1 在学（　）
2 加減（　）
3 志望（　）
4 小枝（　）
5 護身（　）
6 再開（　）
7 勝負（　）
8 採取（　）
9 検温（　）
10 個室（　）

3 後の［　］の中のひらがなを漢字になおして、対義語（意味が反対や対（つい）になることば）と、類義語（意味がよくにたことば）を書きなさい。［　］の中のひらがなは一度だけ使い、漢字一字を書きなさい。

3×10 ／30

対義語

1 許可—（　）止
2 実名—（　）名
3 現実—理（　）
4 反対—（　）成
5 応答—（　）問

か・きん・さん・しつ・そう

類義語

6 医者—医（　）（　）
7 消息—音（　）（　）
8 仕事—（　）業
9 通行—往（　）（　）
10 順番—順（　）（　）

し・じょ・しょく・しん・らい

4 次の——線のカタカナを漢字になおしなさい。

3×10 ／30

1 読書をして**チシキ**を広げる。（　）
2 宇宙（うちゅう）飛行**シ**になりたい。（　）
3 あなた自身の考えを**ノ**べよ。（　）
4 商店街は**コンザツ**していた。（　）
5 きぬ糸で美しいぬのを**オ**る。（　）
6 **ツネ**に努力をおしまない。（　）
7 地面が**エキジョウ**化した。（　）
8 **ゲイジュツ**的な形のつぼ。（　）
9 医者の**シ**示を守り安静にする。（　）
10 若者（わかもの）の**シ**持を得（え）て当選した。（　）

クイズであそぼ！ 5

魚が、部首の部分が消えた旗を持っているよ。横一列にならんだ四つの旗に同じ部首を書き入れて、漢字を完成させよう。

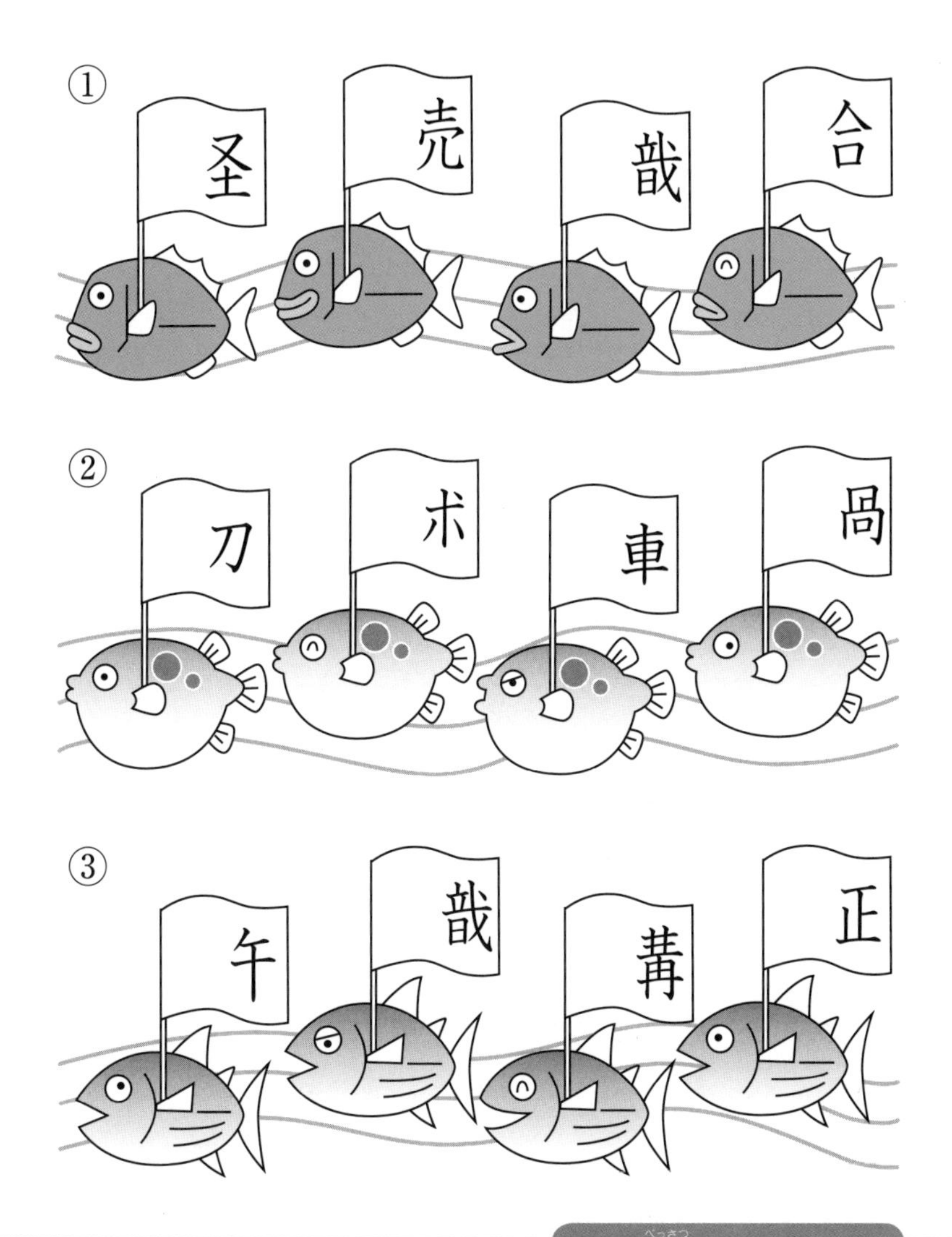

答えは 別冊(べっさつ)標準解答 21 ページ

クイズであそぼ！ 6

カメのこうらの真ん中に漢字を入れると、六つの熟語が作れるよ。真ん中に入る漢字を考えよう。

答えは 別冊標準解答 21 ページ

漢字練習ノートは別冊 18 ページにあります

ステップ 16

漢字	政	勢	精	製	税	責	績
読み	音 セイ、ショウ 高 訓 まつりごと 高	音 セイ 訓 いきお(い)	音 セイ、ショウ 中 訓 —	音 セイ 訓 —	音 ゼイ 訓 —	音 セキ 訓 せ(める)	音 セキ 訓 —
画数	9	13	14	14	12	11	17
部首	攵	力	米	衣	禾	貝	糸
部首名	のぶん ぼくづくり	ちから	こめへん	ころも	のぎへん	かい こがい	いとへん
漢字の意味	国をおさめること・物事をきちんとおさめる	いきおいがさかん・ありさま・人数	くわしい・まじりけのないもの・はげむ	つくる・つくられたもの	国や地方公共団体(だんたい)が国民からとりたてるお金	とがめる・やらなければならないこと	糸をつむぐ・なしとげた結果
用例	政策(せいさく)・政治(せいじ)・政党(せいとう)・政府(せいふ)・行政(ぎょうせい)・財政(ざいせい)・摂政(せっしょう)	勢力(せいりょく)・大勢(おおぜい)・加勢(かせい)・気勢(きせい)・姿勢(しせい)・情勢(じょうせい)・火(ひ)の勢(いきお)い	精算(せいさん)・精神(せいしん)・精度(せいど)・精密(せいみつ)・精進(しょうじん)・不精(ぶしょう)・無精(ぶしょう)	製菓(せいか)・製紙(せいし)・製造(せいぞう)・製鉄(せいてつ)・製本(せいほん)・紙製(かみせい)・手製(てせい)・布製(ぬのせい)	税金(ぜいきん)・減税(げんぜい)・住民税(じゅうみんぜい)・消費税(しょうひぜい)・増税(ぞうぜい)・免税(めんぜい)	責任(せきにん)・責務(せきむ)・自責(じせき)・職責(しょくせき)・自分(じぶん)を責(せ)める	業績(ぎょうせき)・好成績(こうせいせき)・功績(こうせき)・実績(じっせき)・成績(せいせき)・戦績(せんせき)・紡績(ぼうせき)
筆順	政 政 政 政 政 政 政 政 政	勢 勢 勢 勢 勢 勢 勢 勢 勢 勢（5・8）	精 精 精 精 精 精 精 精 精 精（2・6・12・14）	製 製 製 製 製 製 製 製 製 製（3・5・8・10）	税 税 税 税 税 税 税 税 税 税（7・9）	責 責 責 責 責 責 責 責 責 責（11）	績 績 績 績 績 績 績 績 績 績（6・10・12・15・17）

月　日

ステップ 16

1 次の――線の漢字の読みをひらがなで書きなさい。

1 係の仕事に責任(にん)を持つ。
2 政治に関する記事をスクラップする。
3 大勢の出席者の前で堂々(どうどう)と話す。
4 母の手製のバッグを気に入って使う。
5 室内に精度の高い温度計を置く。
6 実績のある会社に採用される。
7 国や市区町村に税金をおさめる。
8 チームは先に得点(とくてん)して勢いづいた。
9 少子化問題に政府が取り組む。
10 役所から住民税の通知がとどく。
11 わが校が大会で好成績をおさめた。
12 相手ばかりを責めてはいけない。

同訓異字(いじ)

「アツい」を漢字でどう書くでしょう？「アツい夏」なら「暑い」、「アツいお茶」なら「熱い」、「アツい本」なら「厚い」と書きます。このように、意味や使い方はちがうけれども同じ訓読みを持つ漢字を「同訓異字」といいます。ほかにも「移す・写す」「治める・修める」「織る・折る」「交じる・混じる」などがあり、それぞれ使い方が決まっています。

2 次の――線のカタカナを○の中の漢字と送りがな（ひらがな）で書きなさい。

〈例〉（投）ボールを**ナゲル**。（投げる）

1 （構）正面に門を**カマエル**。（　　）
2 （再）**フタタビ**旅に出る。（　　）
3 （耕）畑を**タガヤス**時期だ。（　　）
4 （述）意見をはっきり**ノベル**。（　　）
5 （支）はしごを下で**ササエ**た。（　　）
6 （険）先生の顔が**ケワシイ**。（　　）
7 （志）医学の道を**ココロザス**。（　　）
8 （招）小説家を講師に**マネク**。（　　）
9 （混）セメントと砂（すな）を**マゼル**。（　　）
10 （示）通行証を**シメシ**て通る。（　　）

3 次の漢字と反対や対（つい）になる意味の漢字を、後の［　］の中から選んで（　）に入れ、熟語（じゅくご）を作りなさい。

1 新（　　）
2 当（　　）
3 勝（　　）
4 寒（　　）
5 高（　　）
6 遠（　　）
7 和（　　）
8 出（　　）
9 集（　　）
10 利（　　）

害・旧・近・欠・散・暑・低・敗・洋・落

4 次の――線のカタカナを漢字になおしなさい。

1 空手で**セイシン**力をきたえる。（　）
2 台風の**セイリョク**がおとろえる。（　）
3 国の**ザイセイ**が悪化する。（　）
4 本に**カミセイ**のカバーをかける。（　）
5 研究者の**コウセキ**をたたえる。（　）
6 **セイジ**家が国会で話し合う。（　）
7 すばらしい**セイセキ**をおさめる。（　）
8 負けているチームに**カセイ**する。（　）
9 卒業文集の**セイホン**をたのむ。（　）
10 自分のミスを**セ**められる。（　）
11 車を買う際に**ゲンゼイ**される。（　）
12 飛ぶ鳥を落とす**イキオ**い（　）

月　日
月　日
月　日

?	／12	／12	4 ／12	3 ／10	2 ／10	1 ／12

漢字練習ノートは別冊 19 ページにあります

ステップ 17

漢字	読み	画数	部首	部首名	漢字の意味	用例	筆順
接	音 セツ　訓 つ(ぐ)[高]	11	扌	てへん	つなぐ・ちかづく・あう・もてなす	接近(せっきん)・接種(せっしゅ)・接続(せつぞく)・間接(かんせつ)・接ぎ木(つぎき)・木に竹(たけ)を接(つ)ぐ	5
設	音 セツ　訓 もう(ける)	11	言	ごんべん	つくる・こしらえる・そなえつける	設計(せっけい)・設置(せっち)・設備(せつび)・仮設(かせつ)・建設(けんせつ)・新設(しんせつ)・受付(うけつけ)を設(もう)ける	4
絶	音 ゼツ　訓 た(える)・た(やす)・た(つ)	12	糸	いとへん	たちきる・なくなる・すぐれている・非常(ひじょう)に	絶好(ぜっこう)・絶賛(ぜっさん)・絶体絶命(ぜったいぜつめい)・絶望(ぜつぼう)・絶妙(ぜつみょう)・断絶(だんぜつ)	6
祖	音 ソ　訓 ―	9	礻	しめすへん	父母の親・家系(かけい)の初めの人・事をはじめた人	祖国(そこく)・祖先(そせん)・祖父(そふ)・祖父母(そふぼ)・祖母(そぼ)・元祖(がんそ)・先祖(せんぞ)	
素	音 ソ・ス[中]　訓 ―	10	糸	いと	ありのまま・ふだん・本来のもの・もと	素質(そしつ)・栄養素(えいようそ)・酸素(さんそ)・質素(しっそ)・炭素(たんそ)・素手(すで)・素直(すなお)	
総	音 ソウ　訓 ―	14	糸	いとへん	まとめる・すべての・とりしまる	総会(そうかい)・総額(そうがく)・総画数(そうかくすう)・総括(そうかつ)・総合(そうごう)・総長(そうちょう)・総出(そうで)	3, 6, 14
造	音 ゾウ　訓 つく(る)	10	辶	しんにょう・しんにゅう	物をこしらえる・物事をきわめる	造花(ぞうか)・造船(ぞうせん)・改造(かいぞう)・建造(けんぞう)・構造(こうぞう)・製造(せいぞう)・船(ふね)を造(つく)る	

月　日

ステップ 17

1 次の――線の漢字の読みをひらがなで書きなさい。

1 自動車の製造工場を見学する。
2 駅前に観光案内所が設けられた。
3 この列車は次の駅で特急に接続する。
4 新たに習う漢字の総画数を数える。
5 空気中には酸素がふくまれている。
6 部員が総出で大会の用意をする。
7 決勝進出は絶望的だ。
8 祖母が作ってくれた料理を食べる。
9 夜がふけて人通りが絶える。
10 学校の中庭に百葉箱が設置された。
11 公園に観察池を造る。
12 先祖の墓(はか)に花をそなえる。

読みの変わる漢字

同じ漢字でも、組み合わせによって読み方が変わるものがあります。例えば、「雨」は「あめ」ですが、「雨戸」では「あまど」と読みます。また、にごって読む場合もあります。「布」は「ふ」ですが、「分布」では「ぶんぷ」となり、「底」は「そこ」ですが、「船底」では「ふなぞこ」とにごります。漢字に読みがなをつけるときは注意しましょう。

2 次のカタカナを漢字になおし、一字だけ書きなさい。

1 毛**オリ**物（　）
2 美意**シキ**（　）
3 技**ジュツ**者（　）
4 **ショウ**明書（　）
5 感謝**ジョウ**（　）
6 **ガン**科医（　）
7 **コウ**果的（　）
8 **シ**育箱（　）
9 新校**シャ**（　）
10 大事**コ**（　）

3 次の（　）にあてはまる漢字を後の［　］の中から選び、熟語（じゅくご）を作りなさい。［　］の中の語は一度しか使えません。

1 （　）府
2 印（　）
3 友（　）
4 習（　）
5 （　）件
6 （　）待
7 朝（　）
8 （　）点
9 （　）演
10 火（　）

講・招・災・情・条・政・象・採・慣・刊

4 次の――線のカタカナを漢字になおしなさい。

1 庭に花だんを**モウ**けた。
2 台風が本州に**セッキン**している。
3 調査結果を**ソウゴウ**して考察する。
4 二酸化**タンソ**の量をはかる。
5 児童が予防(よぼう)**セッシュ**を受ける。
6 自動車が**タ**え間なく通る。
7 駅前にビルが**ケンセツ**される。
8 **ソフ**は昔から短気だったらしい。
9 得点(とくてん)の**ゼッコウ**のチャンスだ。
10 姉には画家の**ソシツ**がある。
11 機械を分解して**コウゾウ**を調べる。
12 人類の**ソセン**をたどる。

月 日
月 日
月 日

1	2	3	4		
/12	/10	/10	( ) /12	〈 〉 /12	[ ] /12

漢字練習ノートは別冊 20 ページにあります

ステップ 18

漢字	読み	画数	部首	部首名	漢字の意味	用例
像	音 ゾウ 訓 ―	14	亻	にんべん	かたち・すがた	映像(えいぞう)・画像(がぞう)・現像(げんぞう)・実像(じつぞう)・肖像(しょうぞう)・想像(そうぞう)・銅像(どうぞう)・仏像(ぶつぞう)
増	音 ゾウ 訓 ま(す)　ふ(える)　ふ(やす)	14	土	つちへん	ます・ふえる・つけあがる	増加(ぞうか)・増減(ぞうげん)・増税(ぞうぜい)・急増(きゅうぞう)・水増(みずま)し・人口(じんこう)が増(ふ)える
則	音 ソク 訓 ―	9	刂	りっとう	きまり	規則(きそく)・原則(げんそく)・校則(こうそく)・細則(さいそく)・鉄則(てっそく)・反則(はんそく)・変則(へんそく)・法則(ほうそく)
測	音 ソク 訓 はか(る)	12	氵	さんずい	長さなどをはかる・こうではないかと考える	測定(そくてい)・測量(そくりょう)・観測(かんそく)・計測(けいそく)・推測(すいそく)・予測(よそく)・水深(すいしん)を測(はか)る
属	音 ゾク 訓 ―	12	尸	かばね　しかばね	仲間・身うち・つきしたがう	属性(ぞくせい)・金属(きんぞく)・所属(しょぞく)・付属(ふぞく)
率	音 ソツ 中　リツ 訓 ひき(いる)	11	玄	げん	ひきつれる・わりあい・深く考えない	率先(そっせん)・引率(いんそつ)・軽率(けいそつ)・確率(かくりつ)・投票率(とうひょうりつ)・能率(のうりつ)・兵(へい)を率(ひき)いる
損	音 ソン 訓 そこ(なう) 中　そこ(ねる) 中	13	扌	てへん	少なくする・こわす・なくす	損益(そんえき)・損害(そんがい)・損気(そんき)・損失(そんしつ)・損得(そんとく)・破損(はそん)・見損(みそこ)なう

月　　日

ステップ 18

1 次の——線の漢字の読みをひらがなで書きなさい。

1 テレビの画像が急にみだれた。
2 店が多大な損害をこうむる。
3 実験が成功する確率は高そうだ。
4 一日の気温に規則的な変化がある。
5 図書館を利用する人が増えている。
6 先生に率いられて登山した。
7 十年後の町の様子を想像する。
8 母は以前にも増して元気になった。
9 空気中の有害な物質の量を測定した。
10 試合中に相手が反則する。
11 兄は野球部に所属している。
12 一か月ごとに身長を測る。

形のよく似た漢字

漢字の中には、形がとてもよく似ているものがあります。例えば、「午」は、えとの「うま」を表す字ですが、角(つの)が出てしまうと「牛」になってしまいます。このような漢字は、読むときも、書くときも、まちがえないように注意しましょう。

<例>「永・氷」「王・玉」「始・治」「刀・力」「矢・失」「札・礼」「輸(ゆ)・輪」

2 次の――線のカタカナを漢字になおしなさい。

1 紙を**オ**って飛行機を作る。（　　）
2 赤くそめた糸でぬのを**オ**る。（　　）
3 家と駅を**オウ**復（ふく）する。（　　）
4 電話の着信に**オウ**答する。（　　）
5 **カ**説を立てて検討（けんとう）する。（　　）
6 高**カ**な品をおくる。（　　）
7 動作の**キ**本を身につける。（　　）
8 活動団体（だんたい）に**キ**付をする。（　　）
9 **セイ**神を健全にたもつ。（　　）
10 高気圧の**セイ**力が強くなる。（　　）
11 国民の代表が**セイ**治を行う。（　　）

3 後の［　］の中のひらがなを漢字になおして、対義語（意味が反対や対（つい）になることば）と、類義語（意味がよくにたことば）を書きなさい。［　］の中のひらがなは一度だけ使い、漢字一字を書きなさい。

対義語

1 希望―（　　）望
2 合成―分（　　）
3 主語―（　　）語
4 子孫―（　　）先
5 減少―（　　）加

［かい・じゅつ・ぜつ・そ・ぞう］

類義語

6 家屋―住（　　）
7 性質―性（　　）
8 医者―医（　　）
9 副業―内（　　）
10 最良―（　　）好

［かく・きょ・し・しょく・ぜっ］

4 次の――線のカタカナを漢字になおしなさい。

1 投資で多額のソンシツが出る。
2 未来の自分をソウゾウしてみる。
3 タイルをキソク正しくならべる。
4 学生をヒキいて職場見学に行く。
5 大雨で川が急にゾウスイした。
6 洋服だんすの高さをハカる。
7 明日雨のふるカクリツは低い。
8 妹は科学クラブにゾクしている。
9 高台で流星群をカンソクする。
10 おこづかいをフやしてもらった。
11 鉄はさびやすいキンゾクだ。
12 ソンして得(とく)取れ

4	3	2	1
/12	/10	/11	/12

月 日 月 日 月 日

漢字練習ノートは別冊 21 ページにあります

ステップ 19

漢字	読み	画数	部首	部首名	漢字の意味	用例	筆順
貸	音 タイ[中]　訓 か(す)	12	貝	かい こがい	お金や品物をかす	貸借(たいしゃく)・貸与(たいよ)・賃貸(ちんたい)・又貸(またが)し・手(て)を貸(か)す	2, 9
態	音 タイ　訓 —	14	心	こころ	すがた・ようす	態勢(たいせい)・態度(たいど)・形態(けいたい)・実態(じったい)・状態(じょうたい)・生態(せいたい)	4, 6, 12, 14
団	音 ダン トン[高]　訓 —	6	囗	くにがまえ	まるいもの・あつまり・なごやか	団結(だんけつ)・団子(だんご)・団体(だんたい)・楽団(がくだん)・球団(きゅうだん)・集団(しゅうだん)・入団(にゅうだん)・布団(ふとん)	
断	音 ダン　訓 ことわ(る) た(つ)[中]	11	斤	おのづくり	たちきる・ことわる・きめる	断絶(だんぜつ)・断続(だんぞく)・判断(はんだん)・油断(ゆだん)・さそいを断(ことわ)る・退路(たいろ)を断(た)つ	2
築	音 チク　訓 きず(く)	16	⺮	たけかんむり	建物などをつくる	築城(ちくじょう)・移築(いちく)・改築(かいちく)・建築(けんちく)・新築(しんちく)・増築(ぞうちく)・ダムを築(きず)く	3, 6, 16
貯	音 チョ　訓 —	12	貝	かいへん	とっておく・ためる	貯金箱(ちょきんばこ)・貯水池(ちょすいち)・貯蔵(ちょぞう)・貯蓄(ちょちく)	5
張	音 チョウ　訓 は(る)	11	弓	ゆみへん	ぴんとはる・おおげさにする・強く言いはる	張力(ちょうりょく)・拡張(かくちょう)・主張(しゅちょう)・出張(しゅっちょう)・引(ひ)っ張(ぱ)る・池(いけ)に氷(こおり)が張(は)る	7

月　日

ステップ 19

1 次の――線の漢字の読みをひらがなで書きなさい。

1 家の二階を増築する予定だ。

2 毎月定額の貯金をする。

3 ぼくは図書の貸し出し係をしている。

4 父が出張を終えて帰ってくる。

5 かれの堂々(どうどう)とした態度はりっぱだ。

6 新しい選手の入団が発表される。

7 早急な決断をせまられる。

8 知人に安く家を貸す。

9 苦労して会社を築き上げる。

10 祖父の健康状態はよくなってきた。

11 決勝戦はチームで団結して戦う。

12 急用のため友達のさそいを断る。

読みが同じで形もよく似た漢字

漢字の中には、形が似ているだけでなく、読みも同じものがあります。これらは、「形がよく似た漢字」以上に気をつけなければなりません。

<例>「官・管」「汽・気」「建・健」「検・険」
「講・構」「採・菜」「作・昨」「側・測」
「底・低」「福・副」「復(ふく)・複(ふく)」

2 次の漢字の太い画のところは筆順の何画目か、算用数字（1、2、3…）で答えなさい。

1 断（　）
2 快（　）
3 状（　）
4 属（　）
5 率（　）
6 団（　）
7 常（　）
8 準（　）
9 罪（　）
10 妻（　）

3 漢字の読みには音と訓があります。次の熟語（じゅくご）の読みは［　］の中のどの組み合わせになっていますか。ア〜エの記号で答えなさい。

ア 音と音　イ 音と訓
ウ 訓と訓　エ 訓と音

1 格安（かくやす）（　）
2 似顔（にがお）（　）
3 団子（だんご）（　）
4 移動（いどう）（　）
5 手帳（てちょう）（　）
6 大河（たいが）（　）
7 道順（みちじゅん）（　）
8 用件（ようけん）（　）
9 内側（うちがわ）（　）
10 枝豆（えだまめ）（　）

4 次の――線のカタカナを漢字になおしなさい。

1 **チョキン**箱に五百円を入れる。
2 文化祭に向けて**ハ**り切る。
3 観光地は**ダンタイ**の客が多い。
4 森で野鳥の**セイタイ**を調べる。
5 **チョスイ**池が人のくらしを守る。
6 雨で試合が**チュウダン**される。
7 友人と良好な関係を**キズ**く。
8 物の**カ**し借りはしない。
9 日本の**ケンチク**の歴史(れきし)を学ぶ。
10 自分の**シュチョウ**を曲げない。
11 先方の申し出を**コトワ**る。
12 **ダンケツ**は力なり

( ) 月 日
〈 〉 月 日
[ ] 月 日

1	2	3	4 ( )	〈 〉	[ ]
/12	/10	/10	/12	/12	/12

漢字練習ノートは別冊22ページにあります

ステップ 20

漢字	読み	画数	部首	部首名	漢字の意味	用例	筆順
停	音 テイ 訓 ―	11	亻	にんべん	とまる・とどまる・やめる	停学(ていがく)・停止(ていし)・停車(ていしゃ)・停電(ていでん)・停年(ていねん)・調停(ちょうてい)	
提	音 テイ 訓 さ(げる) 中	12	扌	てへん	手に持つ・持ち出す・たすけあう・さし示す	提案(ていあん)・提起(ていき)・提供(ていきょう)・提示(ていじ)・提出(ていしゅつ)・前提(ぜんてい)・手提(てさ)げ	
程	音 テイ 訓 ほど 中	12	禾	のぎへん	きまり・度合い・みちのり・みちすじ	程度(ていど)・音程(おんてい)・課程(かてい)・過程(かてい)・行程(こうてい)・道程(どうてい)・日程(にってい)・程遠(ほどとお)い	
適	音 テキ 訓 ―	14	辶	しんにょう しんにゅう	あてはまる・ふさわしい・心にかなう	適応(てきおう)・適温(てきおん)・適合(てきごう)・適切(てきせつ)・適度(てきど)・適量(てきりょう)・快適(かいてき)・最適(さいてき)	
統	音 トウ 訓 す(べる) 高	12	糸	いとへん	一つにまとめる・つづいているもの	統一(とういつ)・統計(とうけい)・統合(とうごう)・系統(けいとう)・大統領(だいとうりょう)・伝統(でんとう)・国(くに)を統(す)べる	
堂	音 ドウ 訓 ―	11	土	つち	神仏(しんぶつ)の建物・多くの人が集まる建物	一堂(いちどう)・公会堂(こうかいどう)・講堂(こうどう)・食堂(しょくどう)・正正堂堂(せいせいどうどう)・本堂(ほんどう)	
銅	音 ドウ 訓 ―	14	金	かねへん	金属元素の一つ・どう	銅貨(どうか)・銅線(どうせん)・銅像(どうぞう)・青銅(せいどう)・分銅(ふんどう)	

月　日

ステップ 20

1 次の――線の漢字の読みをひらがなで書きなさい。

1 手当てが適切だったとほめられた。
2 停電にそなえる必要がある。
3 市内の二つの学校が統合される。
4 銅貨をきれいにみがく。
5 国別人口の統計をグラフに表す。
6 正しいリズムと音程で歌う。
7 夏休みの宿題を提出する。
8 公会堂で音楽祭が行われる。
9 参加する試合の日程を確かめる。
10 水さいばいに適する植物をさがす。
11 受験票を提示してから会場に入る。
12 新春を祝う伝統行事が行われた。

「肉（にく）」は音か訓か

「海（うみ）」「山（やま）」のように、漢字を訓読みすると、耳で聞いただけで意味がわかります。ところが、音読みの中にも、耳で聞いただけで意味のわかるものがあるのです。そのため、訓読みとまちがえやすいので注意しましょう。

<例>絵(え)・駅(えき)・客(きゃく)・詩(し)・茶(ちゃ)・鉄(てつ)・肉(にく)・服(ふく)

2 次のカタカナを漢字になおし、一字だけ書きなさい。

1 投票**リツ**（　）
2 **キ**則的（　）
3 **セッ**計図（　）
4 間**セツ**的（　）
5 **セイ**治家（　）
6 悪条**ケン**（　）
7 年**ガ**状（　）
8 標**ジュン**的（　）
9 不利**エキ**（　）
10 好成**セキ**（　）

3 漢字を二字組み合わせた熟語(じゅくご)では、二つの漢字の間に意味の上で、次のような関係があります。

ア 反対や対(つい)になる意味の字を組み合わせたもの。（例…上下）
イ 同じような意味の字を組み合わせたもの。（例…森林）
ウ 上の字が下の字の意味を説明（修飾(しゅうしょく)）しているもの。（例…海水）
エ 下の字から上の字へ返って読むと意味がよくわかるもの。（例…消火）

次の熟語は、右のア～エのどれにあたるか、記号で答えなさい。

1 勝負（　）
2 夫妻（　）
3 入団（　）
4 清潔（　）
5 最適（　）
6 造船（　）
7 増税（　）
8 包囲（　）
9 遠近（　）
10 友情（　）

4 次の——線のカタカナを漢字になおしなさい。

1 進化の**カテイ**で人類が生まれる。
2 寺の**ホンドウ**でお経(きょう)をあげる。
3 作業を一度**テイシ**する。
4 公園に犬の**ドウゾウ**がある。
5 **デントウ**的な工芸品をさがす。
6 室内をいつも**テキオン**にたもつ。
7 **ショクドウ**でうどんを注文する。
8 道路のはしに**テイシャ**する。
9 料理に塩を**テキリョウ**入れる。
10 三つのプランを**テイアン**した。
11 約十キロの**コウテイ**を歩いた。
12 服の色を緑に**トウイツ**した。

月 日
月 日
月 日

1	2	3	4		
/12	/10	/10	（ ）/12	〈 〉/12	[ ]/12

ステップ 16－20

力だめし

第4回

総得点 ／100

評価 A 80点 B 75点 C 70点 D 60点 E

月　日

1 次の——線の漢字の読みをひらがなで書きなさい。　1×10 ／10

1 自分を責める必要はない。（　）
2 総合優勝（ゆうしょう）にかがやく。（　）
3 運動場にテントを張る。（　）
4 最後には必ず正義が勝つ。（　）
5 今日は絶好の運動会びよりだ。（　）
6 わが家は笑いが絶えない。（　）
7 都心の人口が急増する。（　）
8 海外旅行に行く人が増える。（　）
9 消火器を新たに設置する。（　）
10 駅の構内に案内所を設ける。（　）

2 次の漢字の部首名と部首を書きなさい。部首名は、後の□から選んで記号で答えなさい。　1×10 ／10

〈例〉花・茶（ア）部首名〔艹〕部首

1 績・織（　）部首名〔　〕部首
2 逆・造（　）〔　〕
3 接・授（　）部首名〔　〕部首
4 築・節（　）〔　〕
5 居・属（　）〔　〕

ア くさかんむり　イ わりふ・ふしづくり
ウ てへん　エ かばね・しかばね
オ たけかんむり　カ あくび・かける
キ いとへん　ク えんにょう
ケ しんにょう・しんにゅう　コ まだれ

3 次の（　）にあてはまる漢字を後の［　］の中から選び、三字の熟語を作りなさい。

1×10　／10

1 高品（　）
2 不規（　）
3 （　）性雨
4 好条（　）
5 住民（　）
6 （　）育係
7 （　）父母
8 建（　）物
9 応（　）室
10 （　）神力

［件・酸・飼・質・精・税・接・祖・造・則］

4 漢字の読みには音と訓があります。次の熟語の読みは［　］の中のどの組み合わせになっていますか。ア〜エの記号で答えなさい。

1×10　／10

［ア 音と音　イ 音と訓　ウ 訓と訓　エ 訓と音］

1 係員（かかりいん）（　）
2 仕事（しごと）（　）
3 寄付（きふ）（　）
4 葉桜（はざくら）（　）
5 旧型（きゅうがた）（　）
6 横町（よこちょう）（　）
7 織物（おりもの）（　）
8 消印（けしいん）（　）
9 団体（だんたい）（　）
10 残高（ざんだか）（　）

5 上の読みの漢字を□の中から選び、（　）にあてはめて熟語(じゅくご)を作りなさい。答えは記号で書きなさい。

1×10　／10

カ	ゲン	セイ
1（　）面・2 定（　）	4 期（　）・5（　）少	7 規（　）・8 個（　）
3（　）去	6（　）実	9（　）鉄・10（　）治

ア 減　イ 清　ウ 仮　エ 性　オ 原
カ 過　キ 制　ク 製　ケ 限　コ 河
サ 政　シ 価　ス 現

6 後の□の中のひらがなを漢字になおして、類義語（意味がよくにたことば）を書きなさい。□の中のひらがなは一度だけ使い、漢字一字を書きなさい。

2×10　／20

1 空想—想（　）
2 様子—状（　）
3 地味—質（　）
4 同意—（　）成
5 順番—順（　）
6 決心—決（　）
7 指図—指（　）
8 仕事—（　）業
9 技能(ぎのう)—技（　）
10 動機—原（　）

いん・さん・じ・じゅつ・じょ・しょく・そ・ぞう・たい・だん

7 漢字を二字組み合わせた熟語(じゅくご)では、二つの漢字の間に意味の上で、次のような関係があります。

1×10 ／10

ア 反対や対(つい)になる意味の字を組み合わせたもの。（例…上下）
イ 同じような意味の字を組み合わせたもの。（例…森林）
ウ 上の字が下の字の意味を説明（修飾(しゅうしょく)）しているもの。（例…海水）
エ 下の字から上の字へ返って読むと意味がよくわかるもの。（例…消火）

次の熟語は、右のア〜エのどれにあたるか、記号で答えなさい。

1 計測（　）
2 新設（　）
3 勝敗（　）
4 採血（　）
5 永久（　）
6 増減（　）
7 銅線（　）
8 製本（　）
9 停止（　）
10 旧式（　）

8 次の――線のカタカナを漢字になおしなさい。

2×10 ／20

1 写真やガゾウを集める。（　）
2 サルのボスが群れをヒキいる。（　）
3 少し手をカしてください。（　）
4 コウシャのまどから雲を見る。（　）
5 動きにイキオいがある。（　）
6 チョスイタンクに雨水がたまる。（　）
7 自動車をテンケンする。（　）
8 ノートをテイシュツする。（　）
9 お寺のホンドウを見学する。（　）
10 短気はソン気（　）

クイズであそぼ！ 7

二字の熟語で漢字のしりとりをしよう。

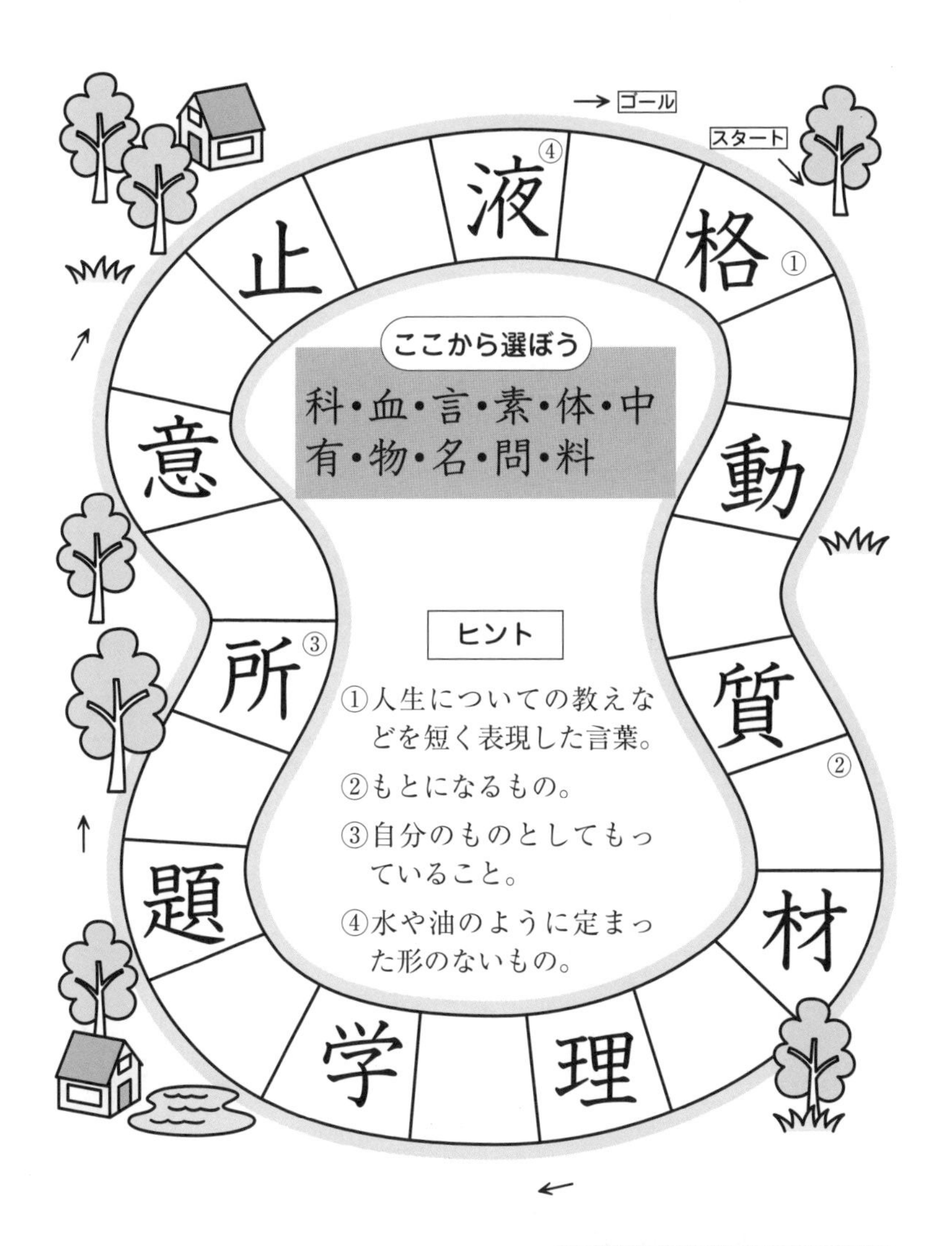

答えは 別冊標準解答 21 ページ

クイズであそぼ！ 8

絵の貝の中に、「貝」の字と組み合わせて漢字になるものが六つあるよ。できた漢字をおわんの中に書こう。

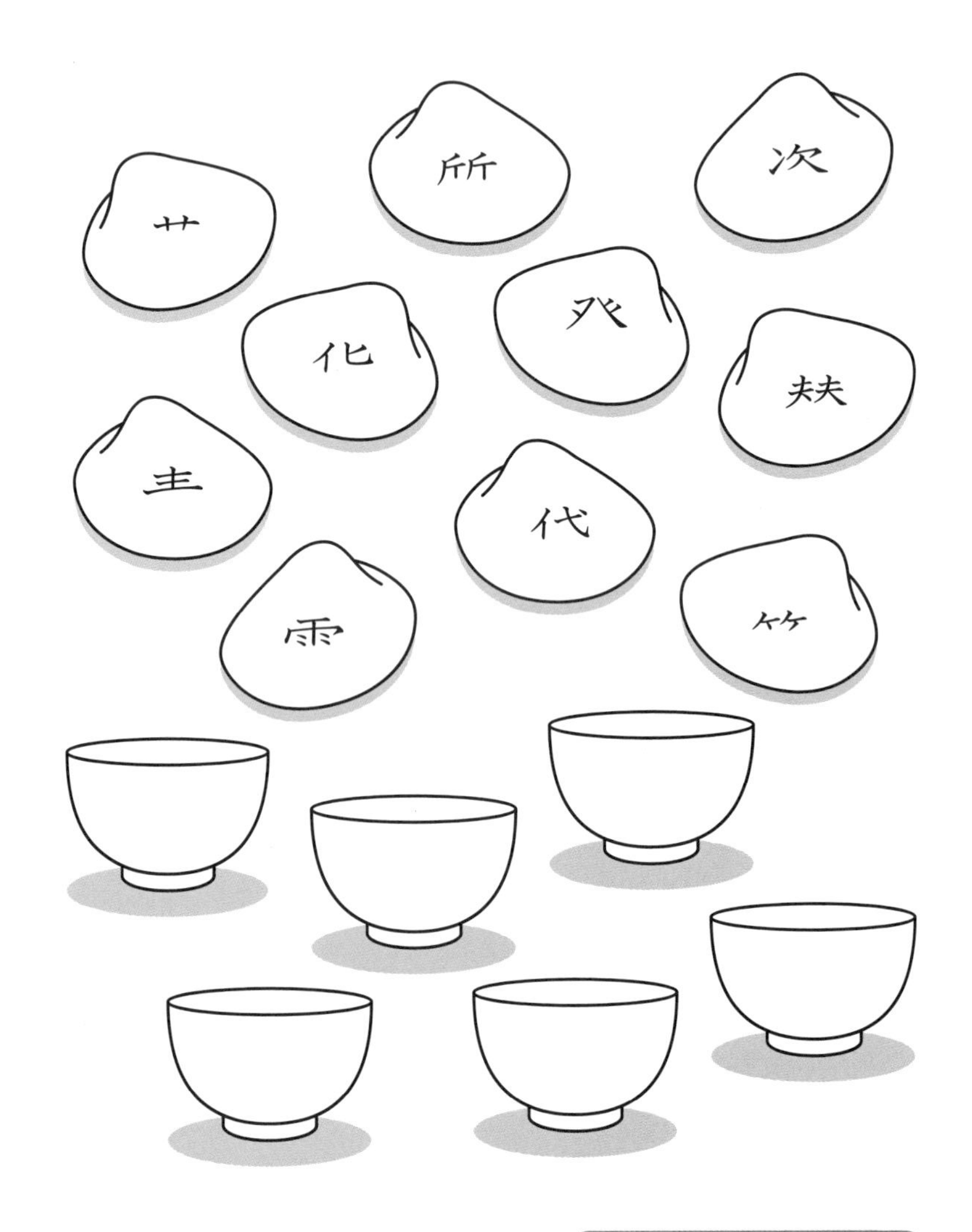

答えは 別冊(べっさつ)標準解答 22 ページ

漢字練習ノートは別冊 23 ページにあります

ステップ 21

漢字	読み	画数	部首	部首名	漢字の意味	用例	筆順
導	音 ドウ 訓 みちび(く)	15	寸	すん	みちびく・熱や電気などを伝える	導入(どうにゅう)・指導(しどう)・先導(せんどう)・盲導犬(もうどうけん)・誘導(ゆうどう)・答(こた)えを導(みちび)く	3 5 9
得	音 トク 訓 え(る) う(る) 中	11	彳	ぎょうにんべん	手に入れる・もうける・よくわかる	得意(とくい)・得策(とくさく)・得失(とくしつ)・得点(とくてん)・損得(そんとく)・得体(えたい)・あり得(う)(え)る	2
毒	音 ドク 訓 ―	8	毋	なかれ	どく・わざわいとなるもの	毒舌(どくぜつ)・毒物(どくぶつ)・毒薬(どくやく)・害毒(がいどく)・消毒(しょうどく)・中毒(ちゅうどく)・有毒(ゆうどく)	
独	音 ドク 訓 ひと(り)	9	犭	けものへん	ひとり・ひとつ・自分だけの・ひとりよがり	独自(どくじ)・独唱(どくしょう)・独走(どくそう)・独特(どくとく)・独立(どくりつ)・単独(たんどく)・独(ひと)りで遊(あそ)ぶ	
任	音 ニン 訓 まか(せる) まか(す)	6	亻	にんべん	つとめ・まかせる・思うようにさせる	任期(にんき)・任務(にんむ)・任命(にんめい)・責任(せきにん)・担任(たんにん)・放任(ほうにん)・仕事(しごと)を任(まか)せる	
燃	音 ネン 訓 も(える) も(やす) も(す)	16	火	ひへん	火がついてもえる・もやす	燃焼(ねんしょう)・燃料(ねんりょう)・再燃(さいねん)・木(き)が燃(も)える・情熱(じょうねつ)を燃(も)やす	2 4 11 16
能	音 ノウ 訓 ―	10	肉	にく	はたらき・ききめ・よくできる	能動(のうどう)・能率(のうりつ)・能力(のうりょく)・可能(かのう)・技能(ぎのう)・芸能(げいのう)・才能(さいのう)・知能(ちのう)	

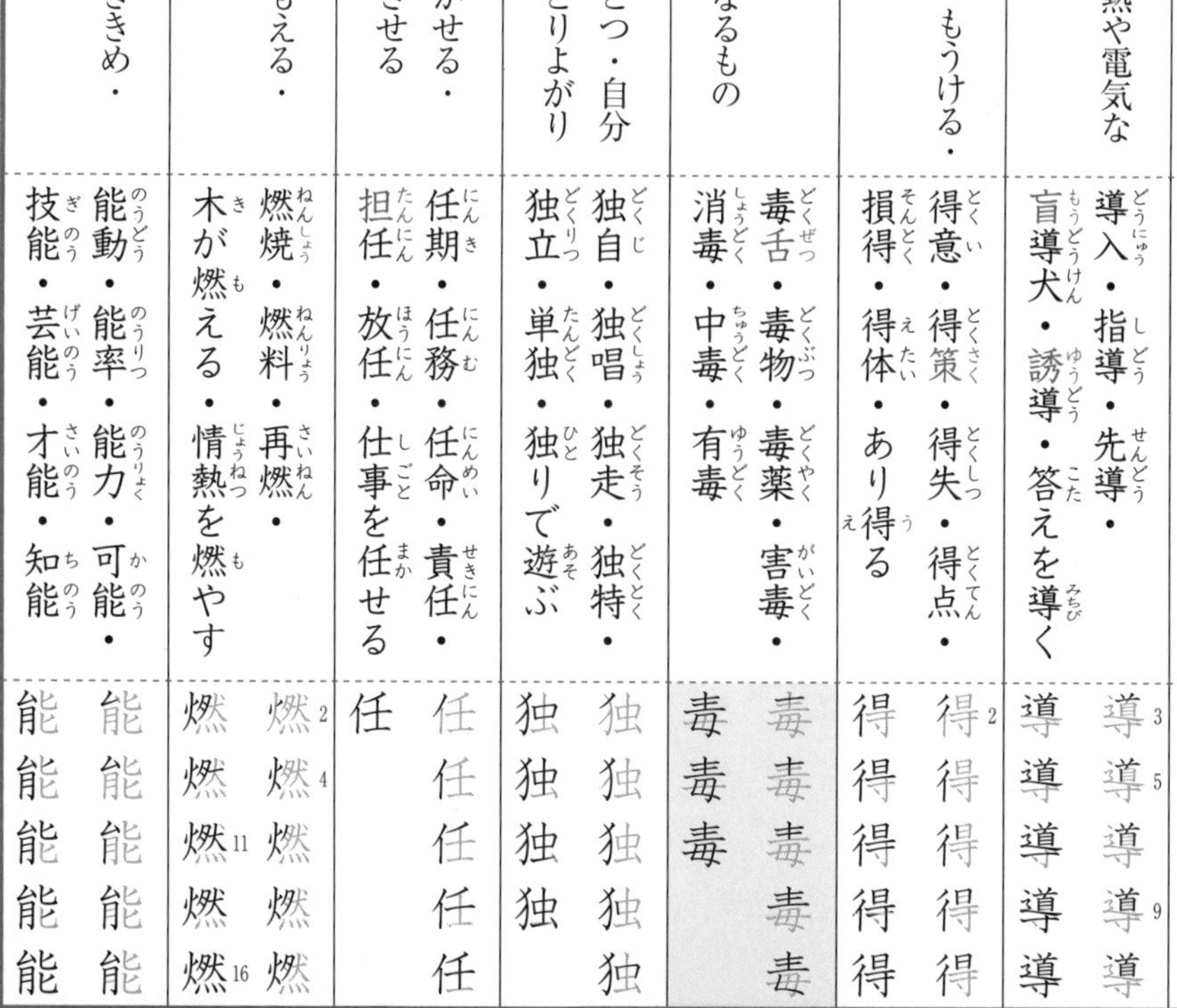

月　日

ステップ 21

1 次の――線の漢字の読みをひらがなで書きなさい。

1 作品に独特の世界観が表れている。
2 会社に新しいシステムが導入される。
3 機械を使って生産の能率を上げた。
4 無責任な発言はしないよう注意する。
5 案内人に導かれて山に登った。
6 だんろの火が静かに燃えている。
7 得体の知れない生物が見つかる。
8 毒物が使われた事件を調べる。
9 あの人になら安心して任せられる。
10 独り住まいの老人をたずねる。
11 損得ぬきに解決方法を考える。
12 能あるたかはつめをかくす

送りがなで意味が変わる漢字

訓読みをする漢字には、送りがなをつけることによって、あるいは送りがなのつけ方によって、読み方や意味の変わるものがあります。例えば、「細い」は「ほそ（い）」、「細かい」は「こま（かい）」と読みます。「細かい雪」を「細い雪」と書くと、意味がおかしくなってしまいます。
<例>「入れる・入る」「下げる・下る」「生きる・生える」

2 次の部首のなかまの漢字で（　）にあてはまる漢字一字を書きなさい。

〈例〉 言（ごんべん）
（計）算・日（記）
（けい）（き）

1 刂（りっとう）
（せい）服・規（そく）・参（れつ）

2 亻（にんべん）
（か）面・研（しゅう）・（こ）性

3 禾（のぎへん）
日（てい）・（ぜい）金

4 忄（りっしんべん）
（じょう）熱・習（かん）

3 上の読みの漢字を［　］の中から選び、（　）にあてはめて熟語（じゅくご）を作りなさい。答えは記号で書きなさい。

ドウ	ドク	テイ
1 食（　）・2 指（　） 3（　）像	4（　）立・5 中（　） 6（　）書	7（　）案・8（　）辺 9（　）電

ア 底　イ 読　ウ 銅　エ 低
オ 独　カ 働　キ 提　ク 毒
ケ 導　コ 効　サ 停　シ 堂

4 次の――線のカタカナを漢字になおしなさい。

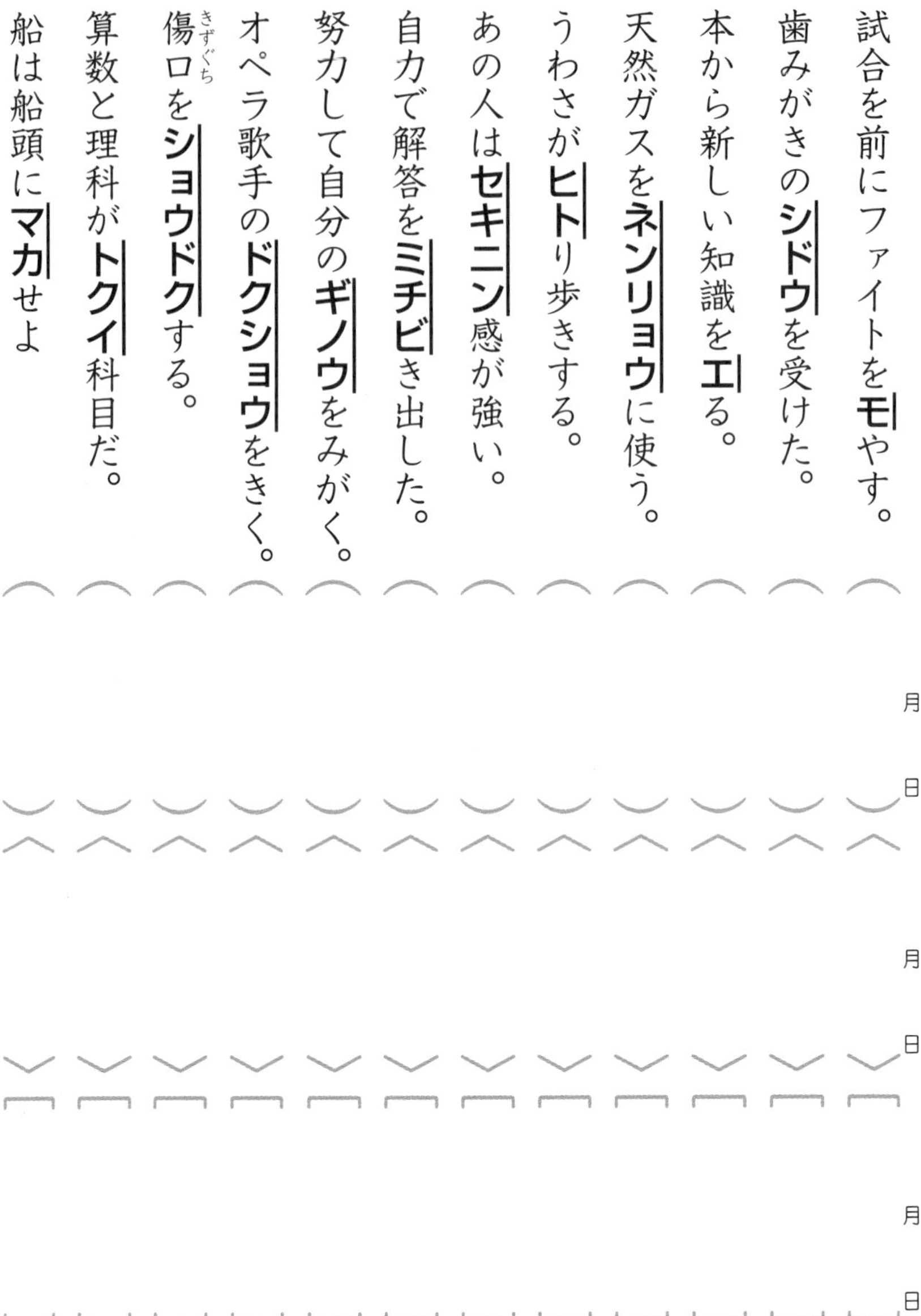

1 試合を前にファイトを**モ**やす。

2 歯みがきの**シドウ**を受けた。

3 本から新しい知識を**エ**る。

4 天然ガスを**ネンリョウ**に使う。

5 うわさが**ヒト**り歩きする。

6 あの人は**セキニン**感が強い。

7 自力で解答を**ミチビ**き出した。

8 努力して自分の**ギノウ**をみがく。

9 オペラ歌手の**ドクショウ**をきく。

10 傷口(きずぐち)を**ショウドク**する。

11 算数と理科が**トクイ**科目だ。

12 船は船頭に**マカ**せよ

月 日
月 日
月 日

		4	3	2	1
／12	／12	／12	／9	／4	／12

漢字練習ノートは別冊24ページにあります

ステップ 22

漢字	読み	画数	部首	部首名	漢字の意味	用例	筆順
破	音 ハ 訓 やぶ(る)　やぶ(れる)	10	石	いしへん	こわす・だめになる・やりぬく・負かす	破損(はそん)・破天荒(はてんこう)・破片(はへん)・走破(そうは)・打破(だは)・服が破(やぶ)れる	破破破破破破破破破破
犯	音 ハン 訓 おか(す)中	5	犭	けものへん	法をおかす・法をおかした人	犯行(はんこう)・犯罪(はんざい)・犯人(はんにん)・共犯(きょうはん)・侵犯(しんぱん)・防犯(ぼうはん)・罪(つみ)を犯(おか)す	犯犯犯犯犯
判	音 ハン　バン 訓 ―	7	刂	りっとう	はんこ・はっきりする・本などの大きさ	判断(はんだん)・判定(はんてい)・判別(はんべつ)・判明(はんめい)・大判(おおばん)・裁判(さいばん)・評判(ひょうばん)	判判判判判判判
版	音 ハン 訓 ―	8	片	かたへん	印刷して本を出す・文字や絵をほったもの	版画(はんが)・版木(はんぎ)・活版(かっぱん)・出版(しゅっぱん)・絶版(ぜっぱん)・木版画(もくはんが)	版版版版版版版版
比	音 ヒ 訓 くら(べる)	4	比	ならびひ くらべる	くらべる・ならべる・同じようなもの	比較(ひかく)・比率(ひりつ)・比例(ひれい)・対比(たいひ)・身長(しんちょう)を比(くら)べる・背比(せいくら)べ	比比比比
肥	音 ヒ 訓 こ(える)　こえ　こ(やす)　こ(やし)	8	月	にくづき	ふとる・こやし・土地がこえている	肥大(ひだい)・肥満(ひまん)・肥料(ひりょう)・施肥(せひ)・目(め)が肥(こ)える・私腹(しふく)を肥(こ)やす	肥肥肥肥肥肥肥肥
非	音 ヒ 訓 ―	8	非	あらず ひ	よくない・うまくない・…でない・けなす	非公開(ひこうかい)・非常(ひじょう)・非情(ひじょう)・非道(ひどう)・非売品(ひばいひん)・是非(ぜひ)	非非非非非非非非
費	音 ヒ 訓 つい(やす)中　つい(える)中	12	貝	かい こがい	つかってへらす・つかわれるおかね	費用(ひよう)・会費(かいひ)・参加費(さんかひ)・消費(しょうひ)・時(とき)を費(つい)やす	費費費費費費費費費(10)費

月　日

ステップ 22

1 次の――線の漢字の読みをひらがなで書きなさい。

1 名画を数多く見て目を肥やす。（　）
2 事件現場を調べて犯人を特定する。（　）
3 日本の水泳選手が世界記録を破った。（　）
4 赤い屋根と青空が見事な対比をなす。（　）
5 景気が悪化して消費が冷えこむ。（　）
6 新入生の型破りな言動におどろく。（　）
7 大判の画用紙に美しい風景をえがく。（　）
8 作家の非公開の作品が発見された。（　）
9 一つちがいの兄と身長を比べる。（　）
10 ビルの非常口の位置を確かめる。（　）
11 梅の花を題材にして版画を作る。（　）
12 遠くから電車の種類を判別する。（　）

筆順について①

!

筆順は、字全体が正しく、整った形に自然に書けるように、長い間にできあがったものです。次に主なきまりをあげます。

❶上から下へ書いていく。　立→ 丶 亠 亣 ウ 立

❷左から右へ書いていく。　川→ 丿 川 川

❸横画を先に書く。　十→ 一 十

<例外>縦画（たてかく）を先に書く字…田・由など　（筆順について②に続く。）

2 次の漢字の太い画のところは筆順の何画目か、また総画数は何画か、算用数字（1、2、3…）で答えなさい。

〈例〉投 （何画目 5）〔総画数 7〕

1 破 （何画目　）〔総画数　〕
2 費 （　）〔　〕
3 肥 （　）〔　〕
4 判 （　）〔　〕
5 能 （　）〔　〕

6 非 （何画目　）〔総画数　〕
7 適 （　）〔　〕
8 殺 （　）〔　〕
9 犯 （　）〔　〕
10 版 （　）〔　〕

3 漢字の読みには音と訓があります。次の熟語(じゅくご)の読みは［　］の中のどの組み合わせになっていますか。ア～エの記号で答えなさい。

ア 音と音　イ 音と訓
ウ 訓と訓　エ 訓と音

1 圧力(あつりょく)（　）
2 手製(てせい)（　）
3 塩味(しおあじ)（　）
4 梅酒(うめしゅ)（　）
5 指導(しどう)（　）

6 新型(しんがた)（　）
7 大勢(おおぜい)（　）
8 比率(ひりつ)（　）
9 街角(まちかど)（　）
10 雑木(ぞうき)（　）

4 次の――線のカタカナを漢字になおしなさい。

1 旅行の**ヒヨウ**を計算する。（　）
2 ここはよく**コ**えた土地だ。（　）
3 こづかいの残額を妹と**クラ**べる。（　）
4 強い風で屋根が**ハソン**した。（　）
5 **ヒジョウシキ**な対応にとまどう。（　）
6 新しい全集が**シュッパン**された。（　）
7 畑の作物に**ヒリョウ**をあたえる。（　）
8 和紙はじょうぶで**ヤブ**れにくい。（　）
9 送料は荷物の重さに**ヒレイ**する。（　）
10 **ハンザイ**のない明るい町にする。（　）
11 写真**ハンテイ**で順位が決まった。（　）
12 **モクハン**画の作り方を学ぶ。（　）

月　日　月　日　月　日

1	2	3	4		
／12	／10	／10	（　）／12	〈　〉／12	〔　〕／12

漢字練習ノートは別冊25ページにあります

ステップ23

漢字	読み	画数	部首	部首名	漢字の意味	用例	筆順
備	音 ビ 訓 そな(える) そな(わる)	12	イ	にんべん	用意する・そなわっている	備考(びこう)・備品(びひん)・守備(しゅび)・準備(じゅんび)・設備(せつび)・予備(よび)・備(そな)え付(つ)け	備2 備 備5 備 備 備 備 備 備 備
評	音 ヒョウ 訓 ―	12	言	ごんべん	物事のよしあしを決める・世間のうわさ	評価(ひょうか)・評決(ひょうけつ)・評判(ひょうばん)・好評(こうひょう)・定評(ていひょう)	評2 評4 評 評 評 評 評 評 評 評
貧	音 ヒン ビン中 訓 まず(しい)	11	貝	かい こがい	まずしい・たりない	貧苦(ひんく)・貧血(ひんけつ)・貧富(ひんぷ)・清貧(せいひん)・貧乏(びんぼう)・貧(まず)しい生活(せいかつ)	貧 貧 貧 貧 貧 貧 貧8 貧 貧 貧
布	音 フ 訓 ぬの	5	巾	はば	織物・ぬの・ひろげる・広くゆきわたらせる	布石(ふせき)・布団(ふとん)・公布(こうふ)・財布(さいふ)・配布(はいふ)・分布(ぶんぷ)・毛布(もうふ)・布地(ぬのじ)	布 布 布 布 布
婦	音 フ 訓 ―	11	女	おんなへん	つま・女の人	婦女(ふじょ)・婦人(ふじん)・主婦(しゅふ)・新婦(しんぷ)・夫婦(ふうふ)	婦 婦 婦 婦 婦6 婦 婦 婦 婦 婦
武	音 ブ ム 訓 ―	8	止	とめる	たたかい・軍事・いさましく・つよい	武器(ぶき)・武士(ぶし)・武将(ぶしょう)・武道(ぶどう)・武勇(ぶゆう)・文武(ぶんぶ)・武者(むしゃ)	武 武 武 武 武 武 武 武
復	音 フク 訓 ―	12	イ	ぎょうにんべん	もとにもどる・くり返す・しかえしをする	復習(ふくしゅう)・復路(ふくろ)・復活(ふっかつ)・復旧(ふっきゅう)・復興(ふっこう)・往復(おうふく)・回復(かいふく)・反復(はんぷく)	復2 復 復5 復 復 復 復 復 復 復
複	音 フク 訓 ―	14	ネ	ころもへん	かさなる・二つ以上・もう一度する	複眼(ふくがん)・複合(ふくごう)・複雑(ふくざつ)・複写(ふくしゃ)・複数(ふくすう)・複線(ふくせん)・単複(たんぷく)・重複(ちょうふく/じゅうふく)	複 複 複 複 複 複7 複11 複 複 複

月　日

23

1 次の――線の漢字の読みをひらがなで書きなさい。

1 貧しい家に育った少年の物語を読む。
2 新婦が両親への手紙を読み上げる。
3 守備を固めて失点をふせぐ。
4 市民文化祭の案内が配布された。
5 予習・復習を毎日欠かさない。
6 武道では礼節が重んじられる。
7 かれの絵は高く評価された。
8 発見された古い布の素材を調べる。
9 不通になっていた鉄道が復旧した。
10 配付資料をコピー機で複写する。
11 試合に備えて練習時間を増やす。
12 決勝戦直前に選手が武者ぶるいする。

筆順について②

❹中の画を先に書く。　水→亅才才水
＜例外＞中の画を後に書く字…火・「りっしんべん」の字（情など）
❺外側の囲みを先に書く。　国→丨冂国国
＜例外＞外側の囲みを後に書く字…区・臣など
❻左はらいを先に書く。　文→丶亠ナ文
❼つらぬく縦画(たてかく)は最後に書く。　中→丨冂口中

2 次の——線のカタカナを○の中の漢字と送りがな（ひらがな）で書きなさい。

〈例〉 投 ボールを**ナゲル**。（投げる）

1 任 重要な仕事を**マカセル**。（　　）
2 率 強いチームを**ヒキイル**。（　　）
3 築 幸せな家庭を**キズク**。（　　）
4 絶 台風で人通りが**タエル**。（　　）
5 破 転んで服が**ヤブレル**。（　　）
6 勢 **イキオイ**をつけてとぶ。（　　）
7 喜 **ヨロコビ**を分かち合う。（　　）
8 導 川の水を田に**ミチビク**。（　　）
9 設 会場に受付を**モウケル**。（　　）
10 再 **フタタビ**一位を目指す。（　　）

3 次のカタカナを漢字になおし、一字だけ書きなさい。

1 消費**ゼイ**（　　）
2 無**ジョウ**件（　　）
3 不**カ**能（　　）
4 **ドク**自性（　　）
5 軽犯**ザイ**（　　）
6 出**パン**社（　　）
7 **セキ**任者（　　）
8 **フク**雑化（　　）
9 不**トウ**一（　　）
10 大**サイ**害（　　）

4 次の――線のカタカナを漢字になおしなさい。

1 学校まで**オウフク**一時間かかる。（　）〈　〉〔　〕
2 音楽会は**ヒョウバン**がよかった。（　）〈　〉〔　〕
3 **ブシ**と農民の生活を比べる。（　）〈　〉〔　〕
4 学芸会の**ジュンビ**をする。（　）〈　〉〔　〕
5 母は**シュフ**として家事をこなす。（　）〈　〉〔　〕
6 厚手の**モウフ**をかけてねる。（　）〈　〉〔　〕
7 **フクスウ**の案を一つにまとめる。（　）〈　〉〔　〕
8 **マズ**しさに負けず研究にはげむ。（　）〈　〉〔　〕
9 かれの実力には**テイヒョウ**がある。（　）〈　〉〔　〕
10 **フジン**服の売り場は三階だ。（　）〈　〉〔　〕
11 赤い**ヌノ**でワンピースをぬう。（　）〈　〉〔　〕
12 **ソナ**えあればうれいなし（　）〈　〉〔　〕

月 日　月 日　月 日

1	2	3	4		
／12	／10	／10	（　）／12	〈　〉／12	〔　〕／12

漢字練習ノートは別冊 26 ページにあります

ステップ 24

漢字	読み	画数	部首	部首名	漢字の意味	用例	筆順
仏	音 ブツ / 訓 ほとけ	4	亻	にんべん	ほとけ	仏閣(ぶっかく)・仏教(ぶっきょう)・仏像(ぶつぞう)・大仏(だいぶつ)・念仏(ねんぶつ)・仏様(ほとけさま)・知(し)らぬが仏(ほとけ)	
粉	音 フン / 訓 こ こな	10	米	こめへん	こな・こなごなにする・おしろい	粉砕(ふんさい)・粉末(ふんまつ)・花粉(かふん)・小麦粉(こむぎこ)・汁粉(しるこ)・粉雪(こなゆき)	
編	音 ヘン / 訓 あ(む)	15	糸	いとへん	書物をつくる・書物・全体をくみたてる	編集(へんしゅう)・編成(へんせい)・短編(たんぺん)・セーターを編(あ)む	
弁	音 ベン / 訓 ——	5	廾	こまぬき にじゅうあし	用だてる・話す・言いわけをする・花びら	弁解(べんかい)・弁護(べんご)・弁舌(べんぜつ)・弁当(べんとう)・弁明(べんめい)・駅弁(えきべん)・花弁(かべん)・答弁(とうべん)	
保	音 ホ / 訓 たも(つ)	9	亻	にんべん	長くもつ・うけあう・大切にまもる	保温(ほおん)・保管(ほかん)・保健(ほけん)・保険(ほけん)・保護(ほご)・確保(かくほ)・温度(おんど)を保(たも)つ	
墓	音 ボ / 訓 はか	13	土	つち	死者をほうむるところ・はか	墓穴(ぼけつ)・墓参(ぼさん)・墓前(ぼぜん)・墓地(ぼち)・墓参(はかまい)り	
報	音 ホウ / 訓 むく(いる) 中	12	土	つち	むくいる・むくい・しらせる・しらせ	報告(ほうこく)・報道(ほうどう)・情報(じょうほう)・速報(そくほう)・悲報(ひほう)・予報(よほう)・恩(おん)に報(むく)いる	

月　日

ステップ 24

1 次の——線の漢字の読みをひらがなで書きなさい。

1 チョークの粉をふき取る。

2 飛べなくなった鳥を保護する。

3 母は深夜までセーターを編んでいた。

4 静かな墓地でゆっくりお参りする。

5 自分の失敗に弁解のしようがない。

6 仏様の前で静かに手を合わせる。

7 部屋の温度を二十度に保つ。

8 弁護士を目指して勉強する。

9 一チーム を原則六人で編成する。

10 平安時代の仏像を研究する。

11 新聞の報道のあり方を考える。

12 祖父の命日に墓参りをした。

「かんむり」と「あし」

・「かんむり」…上下二つに分けられる漢字の上の部分。

<例>「艹（くさかんむり）」→英・芽・芸・葉

「⺮（たけかんむり）」→管・築・箱・筆

・「あし」…上下二つに分けられる漢字の下の部分。

<例>「八（は）」→共・具・典・六

「灬（れんが・れっか）」→照・然・点・熱

2

漢字を二字組み合わせた熟語(じゅくご)では、二つの漢字の間に意味の上で、次のような関係があります。

ア　反対や対(つい)になる意味の字を組み合わせたもの。（例…上下）
イ　同じような意味の字を組み合わせたもの。（例…森林）
ウ　上の字が下の字の意味を説明（修飾(しゅうしょく)）しているもの。（例…海水）
エ　下の字から上の字へ返って読むと意味がよくわかるもの。（例…消火）

次の熟語は、右のア〜エのどれにあたるか、記号で答えなさい。

1　保温（　　）
2　造船（　　）
3　悲報（　　）
4　断続（　　）
5　切断（　　）
6　単独（　　）
7　製紙（　　）
8　大仏（　　）
9　急増（　　）
10　損得（　　）

3

次の――線のカタカナを漢字になおしなさい。

1　ステーキ用の肉を**アツ**く切る。（　　）
2　感動して目頭(めがしら)が**アツ**くなる。（　　）
3　習字の手本を**ウツ**す。（　　）
4　計画を実行に**ウツ**す。（　　）
5　情**ホウ**を集める。（　　）
6　校内**ホウ**送で知らせる。（　　）
7　畑に**ヒ**料をほどこす。（　　）
8　クリスマス会の参加**ヒ**を集める。（　　）
9　君の**ハン**断は正しかった。（　　）
10　急いで夕(ゆう)**ハン**の用意をする。（　　）
11　にげた**ハン**人がつかまった。（　　）

4 次の――線のカタカナを漢字になおしなさい。

1 **ヨホウ**が外れて今日は雨だ。
2 人気の**エキベン**を買って食べる。
3 試合の結果を**ホウコク**する。
4 家族で先祖の**ハカ**に参った。
5 **コナユキ**が庭一面に積もった。
6 初めてマフラーを**ア**んでみた。
7 車内のわすれ物を**ホカン**する。
8 ヒノキの**カフン**が飛散する。
9 川岸の公園で**ベントウ**を食べる。
10 学級新聞を**ヘンシュウ**する。
11 赤ちゃんを**ホイク**園にあずける。
12 知らぬが**ホトケ**

月 日
月 日
月 日

!			4	3	2	1
	／12	／12	／12	／11	／10	／12

漢字練習ノートは別冊 27 ページにあります

ステップ 25

漢字	読み	画数	部首	部首名	漢字の意味	用例	筆順
豊	音 ホウ / 訓 ゆた(か)	13	豆	まめ	じゅうぶんにある・作物などがよく実る	豊作(ほうさく)・豊富(ほうふ)・豊満(ほうまん)・豊年満作(ほうねんまんさく)	
防	音 ボウ / 訓 ふせ(ぐ)	7	阝	こざとへん	ふせぐ・まもる・土手	防衛(ぼうえい)・防止(ぼうし)・防犯(ぼうはん)・防備(ぼうび)・防腐剤(ぼうふざい)・予防(よぼう)・風(かぜ)を防(ふせ)ぐ	
貿	音 ボウ / 訓 —	12	貝	かい / こがい	品物の売り買いをする	貿易(ぼうえき)・貿易港(ぼうえきこう)	
暴	音 ボウ、バク 中 / 訓 あば(れる)、あば(く) 高	15	日	ひ	あらい・あばれる・度がすぎる	暴言(ぼうげん)・暴風雨(ぼうふうう)・暴力(ぼうりょく)・横暴(おうぼう)・暴露(ばくろ)・悪事(あくじ)を暴(あば)く	
脈	音 ミャク / 訓 —	10	月	にくづき	血管・すじみち・長くつづいているもの	脈拍(みゃくはく)・金脈(きんみゃく)・鉱脈(こうみゃく)・山脈(さんみゃく)・静脈(じょうみゃく)・動脈(どうみゃく)・文脈(ぶんみゃく)	
務	音 ム / 訓 つと(める)、つと(まる)	11	力	ちから	つとめ・つとめをはたす	義務(ぎむ)・事務(じむ)・職務(しょくむ)・責務(せきむ)・任務(にんむ)・務(つと)め・委員(いいん)を務(つと)める	
夢	音 ム / 訓 ゆめ	13	夕	た / ゆうべ	ゆめ・現実でないもの	夢幻(むげん)・夢想(むそう)・夢中(むちゅう)・悪夢(あくむ)・夢物語(ゆめものがたり)・初夢(はつゆめ)・正夢(まさゆめ)	
迷	音 メイ 中 / 訓 まよ(う)	9	辶	しんにょう / しんにゅう	まよう・まよわす・わけのわからない	迷宮(めいきゅう)・迷信(めいしん)・迷路(めいろ)・低迷(ていめい)・迷子(まいご)・道(みち)に迷(まよ)う	

月　日

ステップ 25

1 次の——線の漢字の読みをひらがなで書きなさい。

1 こわい夢を見て夜中に目が覚めた。

2 おりの中のトラが暴れている。

3 日本の主な山脈を地図に書きこむ。

4 祖父は町の教育委員を務めている。

5 家族全員で防災について話し合う。

6 読みたい本が多くて選ぶのに迷う。

7 弟はテレビゲームに夢中だ。

8 今年も豊作を願って田植えをした。

9 会社の事務を他の社員に引きつぐ。

10 この港は貿易港として有名だ。

11 マフラーを二重にまいて寒さを防ぐ。

12 暴力で解決できる問題は何もない。

「たれ」と「にょう」

・「たれ」…漢字のまわりのうち、上と左の二方を囲むもの。

<例>「尸（かばね・しかばね）」→屋・居・局・属

「广（まだれ）」→庫・序・庭・店

・「にょう」…漢字のまわりのうち、左と下の二方を囲むもの。

<例>「廴（えんにょう）」→建

「辶（しんにょう・しんにゅう）」→過・逆・造

2 後の□の中のひらがなを漢字になおして、対義語（意味が反対や対になることば）と、類義語（意味がよくにたことば）を書きなさい。□の中のひらがなは一度だけ使い、漢字一字を書きなさい。

対義語

1 過度—（　）度
2 予習—（　）習
3 接続—切（　）
4 修理—（　）損
5 損失—利（　）

えき・だん・てき・は・ふく

類義語

6 用意—準（　）
7 役目—任（　）
8 衛生—（　）健
9 特有—（　）特
10 発行—出（　）

どく・ぱん・び・ほ・む

3 漢字の読みには音と訓があります。次の熟語(じゅくご)の読みは□の中のどの組み合わせになっていますか。ア〜エの記号で答えなさい。

ア 音と音　イ 音と訓
ウ 訓と訓　エ 訓と音

1 現場(げんば)（　）
2 厚着(あつぎ)（　）
3 永遠(えいえん)（　）
4 県境(けんざかい)（　）
5 店番(みせばん)（　）
6 報道(ほうどう)（　）
7 花束(はなたば)（　）
8 武道(ぶどう)（　）
9 粉雪(こなゆき)（　）
10 係員(かかりいん)（　）

4 次の――線のカタカナを漢字になおしなさい。

1 昨夜の**ボウフウ**で木がたおれた。（　　）
2 運動後には**ミャク**が速くなる。（　　）
3 進路に**マヨ**いが出てなやむ。（　　）
4 空を飛び回る**ハツユメ**を見た。（　　）
5 病人を救うのが医者の**セキム**だ。（　　）
6 国際**ボウエキ**がさかんな時代だ。（　　）
7 会長としての**ツト**めを果たす。（　　）
8 この地方は水が**ホウフ**にある。（　　）
9 **アクム**にうなされて目が覚める。（　　）
10 日がさをさして日焼けを**フセ**ぐ。（　　）
11 祭りの行列で馬が**アバ**れ出した。（　　）
12 歯をみがいて虫歯を**ヨボウ**する。（　　）

月　日
月　日
月　日

1	2	3	4		
／12	／10	／10	／12	／12	／12

漢字練習ノートは別冊 28 ページにあります

ステップ 26

漢字	読み	画数	部首	部首名	漢字の意味	用例	筆順
綿	音 メン 訓 わた	14	糸	いとへん	わた・こまかい・どこまでもつづく	綿織物(めんおりもの)・綿花(めんか)・綿布(めんぷ)・綿雲(わたぐも)・綿毛(わたげ)・綿雪(わたゆき)	3, 6, 11
輸	音 ユ 訓 ―	16	車	くるまへん	物をはこぶ・おくる・別のところへうつす	輸血(ゆけつ)・輸出(ゆしゅつ)・輸出入(ゆしゅつにゅう)・輸送(ゆそう)・輸入(ゆにゅう)・運輸(うんゆ)・空輸(くうゆ)	5, 9, 12, 14
余	音 ヨ 訓 あま(る) あま(す)	7	人	ひとやね	のこる・あまる・そのほか	余計(よけい)・余剰(よじょう)・余地(よち)・余白(よはく)・余分(よぶん)・残余(ざんよ)・少(すこ)し余(あま)る	
容	音 ヨウ 訓 ―	10	宀	うかんむり	いれる・なかみ・見かけ・ゆるす・たやすい	容易(ようい)・容器(ようき)・容積(ようせき)・許容(きょよう)・形容(けいよう)・収容(しゅうよう)・内容(ないよう)	
略	音 リャク 訓 ―	11	田	たへん	はかりごと・あらまし・かんたんにする	略語(りゃくご)・略字(りゃくじ)・略式(りゃくしき)・略図(りゃくず)・簡略(かんりゃく)・計略(けいりゃく)・攻略(こうりゃく)・省略(しょうりゃく)	10
留	音 リュウ ル 訓 と(める) と(まる)	10	田	た	とどまる・とめる・とめておく	留学(りゅうがく)・保留(ほりゅう)・留守(るす)・書留(かきとめ)・ボタンを留(と)める・目(め)に留(と)まる	
領	音 リョウ 訓 ―	14	頁	おおがい	自分のものにする・大切なところ・おさめる	領域(りょういき)・領収(りょうしゅう)・領地(りょうち)・領土(りょうど)・受領(じゅりょう)・大統領(だいとうりょう)・要領(ようりょう)	2, 12, 14
歴	音 レキ 訓 ―	14	止	とめる	通りすぎる・次々に・はっきり	歴史(れきし)・歴然(れきぜん)・歴代(れきだい)・学歴(がくれき)・経歴(けいれき)・前歴(ぜんれき)・故事来歴(こじらいれき)	6, 8, 10

月　日

1 次の――線の漢字の読みをひらがなで書きなさい。

1 綿織物の産地を調べる宿題が出た。
2 歴代の校長先生の写真がならぶ。
3 漢字を略さずにしっかりと書く。
4 今日は妹と二人で留守番をする。
5 ジャムを小さな容器に移しかえる。
6 日本は小麦の多くを輸入している。
7 上着のボタンをきちんと留める。
8 今年も余すところあと十日となった。
9 タンポポの綿毛が風に乗って飛ぶ。
10 要領よく仕事をかたづける。
11 他人の多少の失敗は許容する。
12 余りの布切れで小物入れを作る。

「かまえ」

・「かまえ」…漢字のまわりを囲むもののうち、「にょう」と「たれ」以外のもの。

<例>「囗（くにがまえ）」→囲・因・固・団
「門（もんがまえ）」→間・開・関
「匚（かくしがまえ）」→医・区
「行（ぎょうがまえ・ゆきがまえ）」→衛・術

2 次の漢字の太い画のところは筆順の何画目か、また総画数は何画か、算用数字（1、2、3…）で答えなさい。

〈例〉投（5）〔7〕（何画目・総画数）

	漢字	何画目	総画数
1	備	（　）	〔　〕
2	布	（　）	〔　〕
3	在	（　）	〔　〕
4	武	（　）	〔　〕
5	複	（　）	〔　〕
6	報	（　）	〔　〕
7	義	（　）	〔　〕
8	防	（　）	〔　〕
9	評	（　）	〔　〕
10	制	（　）	〔　〕

3 上の読みの漢字を□の中から選び、（　）にあてはめて熟語（じゅくご）を作りなさい。答えは記号で書きなさい。

エイ	ジョウ	フ
1（　）住・2 運（　）	4（　）件・5 賞（　）	7（　）妻・8 豊（　）
3（　）星	6（　）温	9 政（　）

ア 府　イ 情　ウ 衛　エ 状
オ 富　カ 栄　キ 夫　ク 営
ケ 常　コ 付　サ 永　シ 条

4 次の——線のカタカナを漢字になおしなさい。

1 青空に**ワタグモ**がうかんでいる。（　　）
2 近年の**ユシュツ**の動向を調べる。（　　）
3 **ダイトウリョウ**が演説を行う。（　　）
4 駅から家までの**リャクズ**を書く。（　　）
5 人類の文化の**レキシ**を広く学ぶ。（　　）
6 話の**ナイヨウ**を短くまとめた。（　　）
7 **リュウガク**生を案内する。（　　）
8 ざぶとんから**ワタ**がはみ出る。（　　）
9 **ヨブン**なものを買ってしまった。（　　）
10 大会での連勝は**ヨウイ**ではない。（　　）
11 相手の**ケイリャク**に引っかかった。（　　）
12 **アマ**り物には福がある（　　）

月　日
月　日
月　日

1	2	3	4		
／12	／10	／9	／12	／12	／12

ステップ 21-26

力だめし

第5回

総得点 /100

評価 A 80点 B 75点 C 70点 D 60点 E

月　日

1 次の——線の漢字の読みをひらがなで書きなさい。

1×10 /10

1 台風に備えて雨戸をしめた。（　）
2 速報がテロップで流れる。（　）
3 厚手の布地を切る。（　）
4 遠足で大仏を見学する。（　）
5 よい印象をあたえる。（　）
6 県の伝統芸能について学ぶ。（　）
7 駅に五両編成の列車が着いた。（　）
8 赤い毛糸でベストを編む。（　）
9 小麦粉と水を混ぜる。（　）
10 食後に粉末の薬を飲む。（　）

2 次の——線のカタカナを○の中の漢字と送りがな（ひらがな）で書きなさい。

1×10 /10

〈例〉(投) ボールをナゲル。（投げる）

1 (告) 自分の名前をツゲル。（　）
2 (増) 町の人口がフエル。（　）
3 (保) 体のバランスをタモツ。（　）
4 (燃) 夕日がモエルように赤い。（　）
5 (豊) 緑のユタカナ草原だ。（　）
6 (暴) 鳥がかごの中でアバレル。（　）
7 (比) 姉と自分をクラベル。（　）
8 (修) 米国で語学をオサメル。（　）
9 (貧) マズシイ生活にたえる。（　）
10 (測) プールの水温をハカル。（　）

3 次のカタカナを漢字になおし、一字だけ書きなさい。

1×10 /10

1 ユ出入 ( )
2 大統リョウ ( )
3 無制ゲン ( )
4 ユメ物語 ( )
5 ヒ常識 ( )
6 ゼッ好調 ( )
7 低価カク ( )
8 ボウ易港 ( )
9 招待ジョウ ( )
10 道トク性 ( )

4 次の漢字の太い画のところは筆順の何画目か、また総画数は何画か、算用数字（1、2、3…）で答えなさい。

1×10 /10

〈例〉投 何画目（5） 総画数〔7〕

1 墓 何画目（ ） 総画数〔 〕
2 歴 何画目（ ） 総画数〔 〕
3 婦 何画目（ ） 総画数〔 〕
4 編 何画目（ ） 総画数〔 〕
5 暴 何画目（ ） 総画数〔 〕

5 漢字の読みには音と訓があります。次の熟語（じゅくご）の読みは□の中のどの組み合わせになっていますか。ア〜エの記号で答えなさい。

1×10 /10

ア 音と音　イ 音と訓
ウ 訓と訓　エ 訓と音

1 残高（ざんだか） ( )
2 書留（かきとめ） ( )
3 武士（ぶし） ( )
4 手相（てそう） ( )
5 出張（しゅっちょう） ( )
6 遠浅（とおあさ） ( )
7 職場（しょくば） ( )
8 綿雪（わたゆき） ( )
9 紙製（かみせい） ( )
10 味方（みかた） ( )

6 上の読みの漢字を［　］の中から選び、（　）にあてはめて熟語(じゅくご)を作りなさい。答えは記号で書きなさい。

1×10　／10

キ	コウ	カ
1（　）本・2（　）付	4（　）作・5 有（　）	7 高（　）・8 通（　）
3（　）制	6 欠（　）	9（　）決・10（　）設

ア 過　イ 鉱　ウ 寄　エ 効　オ 基
カ 河　キ 航　ク 喜　ケ 可　コ 規
サ 仮　シ 耕　ス 価

7 後の［　］の中のひらがなを漢字になおして、対義語（意味が反対や対(つい)になることば）を書きなさい。［　］の中のひらがなは一度だけ使い、漢字一字を書きなさい。

1×10　／10

1 発車―（　）車
2 合唱―（　）唱
3 正式―（　）式
4 生産―消（　）
5 往路―（　）路
6 失点―（　）点
7 利益―（　）害
8 精神―物（　）
9 集合―（　）散
10 実際―想（　）

かい・しつ・ぞう・そん・てい・とく・どく・ひ・ふく・りゃく

8 漢字を二字組み合わせた熟語(じゅくご)では、二つの漢字の間に意味の上で、次のような関係があります。

1×10 /10

ア 反対や対(つい)になる意味の字を組み合わせたもの。(例…上下)
イ 同じような意味の字を組み合わせたもの。(例…森林)
ウ 上の字が下の字の意味を説明(修飾(しゅうしょく))しているもの。(例…海水)
エ 下の字から上の字へ返って読むと意味がよくわかるもの。(例…消火)

次の熟語は、右のア～エのどれにあたるか、記号で答えなさい。

1 木造 (　　)
2 転居 (　　)
3 寒暑 (　　)
4 国境 (　　)
5 衣服 (　　)
6 休職 (　　)
7 単複 (　　)
8 大河 (　　)
9 救助 (　　)
10 防災 (　　)

9 次の——線のカタカナを漢字になおしなさい。

2×10 /20

1 未成年を**ハンザイ**から守る。(　　)
2 **ユウドク**な部位を切り取る。(　　)
3 お年玉を**チョキン**する。(　　)
4 試作品が**ヒョウバン**になる。(　　)
5 家族**ソウデ**でそうじをする。(　　)
6 パトカーが列を**センドウ**する。(　　)
7 愛用の運動ぐつが**ヤブ**れる。(　　)
8 係の仕事を**マカ**される。(　　)
9 知らない街で道に**マヨ**う。(　　)
10 今**セイキ**最大の事件が起きる。(　　)

6級
総まとめ

今までの学習の成果をためしてみましょう。

検定を受けるときに注意することを記しましたので、これを読んでから、実際の検定のつもりで問題を解いてください。

■検定時間 60分

【注意点】

1 問題用紙と答えを記入する用紙は別になっています。答えはすべて答案用紙に記入してください。

※本書では答案用紙は別冊(べっさつ)の「漢字練習ノート」にあります。

2 常用漢字の旧字体や表外漢字、常用漢字音訓表以外の読み方は正答とは認(みと)められません。

3 検定会場では問題についての説明はありませんので、問題をよく読んで、答えを記入してください。

4 答えはHB・B・2Bのえんぴつまたはシャープペンシルで、わく内に大きくはっきり書いてください。くずした字や乱雑(らんざつ)な書き方は採点の対象になりませんので、ていねいに書くように心がけてください。

5 検定を受ける前に「日本漢字能力検定採点基準」「『漢検』受検の際の注意点」(本書巻頭(かんとう)カラーページにあります)を読んでおいてください。

総得点

/200

評価

A

160点

B

140点

C

120点

D

100点

E

6級 総まとめ

(一) 次の――線の**漢字の読み**を**ひらがな**で書きなさい。 (20) 1×20

1 父は旧友と食事に出かけた。
2 ドラマの主人公は弁護士だ。
3 花の種を布切れで包む。
4 航路を北よりに変える。
5 テレビを見て独り言を言った。
6 飛行船の構造を教えてもらう。
7 ふきんを消毒する。
8 日本各地で日食が観測された。
9 余りのあるわり算を練習した。

(二) 次の――線の**カタカナ**を○の中の**漢字と送りがな(ひらがな)**で書きなさい。 (10) 2×5

〈例〉 (投) ボールを**ナゲル**。 投げる

1 (比) 友人と身長を**クラベル**。
2 (務) 会議で書記を**ツトメル**。
3 (迷) 森の中で道に**マヨウ**。
4 (破) 約束を**ヤブル**のはよくない。
5 (再) ここで**フタタビ**会おう。

(三) 次の漢字の**部首名**と**部首**を書きなさい。**部首名**は、後の□から選んで**記号**で答えなさい。 (10) 1×10

〈例〉 花・茶 部首名(ア) 部首〔艹〕

(四) 次の漢字の**太い画**のところは**筆順の何画目**か、また**総画数は何画**か、**算用数字**(1、2、3…)で答えなさい。 (10) 1×10

〈例〉 投 何画目(5) 総画数〔7〕

	何画目	総画数
提	(1)	〔2〕
河	(3)	〔4〕
脈	(5)	〔6〕
在	(7)	〔8〕
罪	(9)	〔10〕

10 一帯の鉱山をほりつくす。
11 句読点に注意して文章を書く。
12 校舎のまどから桜が見える。
13 評判のよいレストランに行く。
14 気温が上がった原因を調べる。
15 画家を志し絵の勉強にはげむ。
16 眼科で視力(しりょく)を測ってもらう。
17 詩の情景を思いうかべる。
18 初めての船旅は快適だった。
19 行き先を確かめてバスに乗る。
20 短気は損気

	部首名	部首
賛・貧	(1)	(2)
墓・堂	(3)	(4)
税・程	(5)	(6)
額・領	(7)	(8)
応・態	(9)	(10)

ア くさかんむり　イ き
ウ かい こがい　エ くち
オ こころ　カ つち
キ おおがい　ク のぎへん
ケ ひ　コ まだれ

(五) 漢字を二字組み合わせたじゅく語では、二つの漢字の間に意味の上で、次のような関係があります。 (20) 2×10

ア 反対や対(つい)になる意味の字を組み合わせたもの。 (例…上下)
イ 同じような意味の字を組み合わせたもの。 (例…森林)
ウ 上の字が下の字の意味を説明(修飾(しゅうしょく))しているもの。 (例…海水)
エ 下の字から上の字へ返って読むと意味がよくわかるもの。 (例…消火)

次の**じゅく語**は、右のア～エのどれにあたるか、**記号**で答えなさい。

1 寄港
2 願望
3 往復
4 新築
5 採光
6 新刊
7 豊富
8 銅貨
9 高低
10 省略

(六) 次のカタカナを漢字になおし、一字だけ書きなさい。 (20) 2×10

1 伝トウ的
2 未ケイ験
3 ジュン決勝
4 ヒ売品
5 ボウ風雨
6 可ノウ性
7 ニ顔絵
8 無所ゾク
9 栄養ソ
10 真ハン人

(七) 後の□の中のひらがなを漢字になおして、対義語(意味が反対や対(つい)になることば)と、類義語(意味がよくにたことば)を書きなさい。□の中のひらがなは一度だけ使い、漢字一字を書きなさい。 (20) 2×10

対義語

苦手―(1)意

(八) 上の読みの漢字を□の中から選び、( )にあてはめてじゅく語を作りなさい。答えは記号で書きなさい。 (12) 2×6

セイ	(1)服・(2)神 (3)治家
ケン	保(4)・(5)査 条(6)

ア 検	イ 研	ウ 精	エ 験	
オ 険	カ 成	キ 政	ク 県	
ケ 製	コ 静	サ 件	シ 制	

(九) 漢字の読みには音と訓があります。次のじゅく語の読みは□の中のどの組み合わせになっていますか。ア〜エの記号で答えなさい。 (20) 2×10

ア 音と音	イ 音と訓
ウ 訓と訓	エ 訓と音

1 桜(さくら)色(いろ)

6 本(ほん)音(ね)

(十) 次の――線のカタカナを漢字になおしなさい。 (40) 2×20

1 息をコロして待つ。
2 カし切りバスで遠足に行く。
3 レキダイの受賞者がならぶ。
4 ビルのケンセツが進んでいる。
5 胸(むね)の内をコクハクする。
6 室内をセイケツに保つ。
7 ヒサしぶりにプールで泳いだ。
8 もみじがモえるように美しい。
9 町内のボウサイ訓練に出た。
10 海があれて遊泳キンシになる。

用心－油（2）
例外－原（3）
形式－内（4）
子孫－（5）先

そ・そく・だん・とく・よう

類義語

辞任－辞（6）
熱中－（7）中
教授－指（8）
不在－（9）守
刊行－出（10）

しょく・どう・ぱん・む・る

2 大群（たいぐん）
3 手順（てじゅん）
4 新芽（しんめ）
5 枝葉（えだは）

7 混合（こんごう）
8 無口（むくち）
9 係長（かかりちょう）
10 住居（じゅうきょ）

(十) 次の――線の**カタカナ**を**漢字**になおしなさい。 (18) 2×9

1 アメリカに**エイ**住する。
2 台所の**エイ**生に気をつける。

3 身分を**ショウ**明してもらう。
4 文化祭に**ショウ**待される。

5 羊毛をつむいで**オ**る。
6 新聞紙を二つに**オ**る。

7 水位が**ゲン**界をこえる。
8 思いを言葉で表**ゲン**する。
9 人口が**ゲン**少に転じる。

11 寺院で**ブツゾウ**が公開される。
12 **ジッサイ**に目で見る。
13 テストに**ソナ**えて勉強する。
14 すばらしい**エンギ**に見とれる。
15 石油を**ユニュウ**にたよる国だ。
16 鉄ぼうで**サカ**上がりができた。
17 神社に**ミキ**の太いスギがある。
18 多くの国々と**ボウエキ**を行う。
19 親切に心から**カンシャ**する。
20 飛ぶ鳥を落とす**イキオ**い

学年別漢字配当表

「小学校学習指導要領」(令和2年4月実施)による。

	ア	イ	ウ	エ	オ	カ	キ	ク	ケ	コ	サ
第一学年 10級		一	右雨	円	王音	下火花貝学	気九休玉金	空	月犬見	五口校	左三山
第二学年 9級		引	羽雲	園遠		何科夏家歌画回会海絵外角楽活間丸岩顔	汽記帰弓牛魚京強教近		兄形計元言原	戸古午後語工公広交光考行高黄合谷国黒今	才細作算
第三学年 8級	悪安暗	医委意育員院飲	運	泳駅	央横屋温	化荷界開階寒感漢館岸	起期客究急級宮球去橋業曲局銀	区苦具君	係軽血決研県	庫湖向幸港号根	祭皿
第四学年 7級	愛案	以衣位茨印		英栄媛塩	岡億	加果貨課芽賀改械害街各覚潟完官管関観願	岐希季旗器機議求泣給挙漁共協鏡競極	熊訓軍郡群	径景芸欠結建健験	固功好香候康	佐差菜最埼材崎昨札刷察参産散残
第五学年 6級	圧	囲移因		永営衛易益液演	応往桜	可仮価河過快解格確額刊幹慣眼	紀基寄規喜技義逆久旧救居許境均禁	句	型経潔件険検限現減	故個護効厚耕航鉱構興講告混	査再災妻採際在財罪殺雑酸賛
第六学年 5級		胃異遺域	宇	映延沿	恩	我灰拡革閣割株干巻看簡	危机揮貴疑吸供胸郷勤筋		系敬警劇激穴券絹権憲源厳	己呼誤后孝皇紅降鋼刻穀骨困	砂座済裁策冊蚕

シ	ス	セ	ソ	タ	チ	ツ	テ	ト	ナ	ニ	ネ	ノ
子四糸字耳七車手十出女小上森人	水	正生青夕石赤千川先	早草足村	大男	竹中虫町		天田	土		二日入	年	
止市矢姉思紙寺自時室社弱首秋週春書少場色食心新親	図数	西声星晴切雪船線前	組走	多太体台	地池知茶昼長鳥朝直	通	弟店点電	刀冬当東答頭同道読	内南	肉		
仕死使始指歯詩次事持式実写者主守取酒受州拾終習集住重宿所暑助昭消商章勝乗植申身神真深進		世整昔全	相送想息速族	他打対待代第題炭短談	着注柱丁帳調	追	定庭笛鉄転	都度投豆島湯登等動童				農
氏司試児治滋辞鹿失借種周祝順初松笑唱焼照城縄臣信		井成省清静席積折節説浅戦選然	争倉巣束側続卒孫	帯隊達単	置仲沖兆		低底的典伝	徒努灯働特徳栃	奈梨		熱念	
士支史志枝師資飼示似識質舎謝授修述術準序招証象賞条状常情織職		制性政勢精製税責績接設絶	祖素総造像増則測属率損	貸態団断	築貯張		停提程適	統堂銅導得毒独		任	燃	能
至私姿視詞誌磁射捨尺若樹収宗就衆従縦縮熟純処署諸除承将傷障蒸針仁	垂推寸	盛聖誠舌宣専泉洗染銭善	奏窓創装層操蔵臓存尊	退宅担探誕段暖	値宙忠著庁頂腸潮賃	痛	敵展	討党糖届	難	乳認		納脳

学年	ハ	ヒ	フ	ヘ	ホ	マ	ミ	ム	メ	モ	ヤ	ユ	ヨ	ラ	リ	ル	レ	ロ	ワ	字数
第一学年 10級	白八	百	文		木本				名	目					立力林			六		学年字数 80字 累計字数 80字
第二学年 9級	馬売買麦半番		父風分聞	米	歩母方北	毎妹万			明鳴	毛門	夜野	友	用曜	来	里理				話	学年字数 160字 累計字数 240字
第三学年 8級	波配倍箱畑発 反坂板	皮悲美鼻筆氷 表秒病品	負部服福物	平返勉	放		味		命面	問	役薬	由油有遊	予羊洋葉陽様	落	流旅両緑		礼列練	路	和	学年字数 200字 累計字数 440字
第四学年 7級	敗梅博阪飯	飛必票標	不夫付府阜富 副	兵別辺変便	包法望牧	末満	未民	無			約	勇	要養浴		利陸良料量輪	類	令冷例連	老労録		学年字数 202字 累計字数 642字
第五学年 6級	破犯判版	比肥非費備評 貧	布婦武復複仏 粉	編弁	保墓報豊防貿 暴		脈	務夢	迷綿			輸	余容		略留領		歴			学年字数 193字 累計字数 835字
第六学年 5級	派拝背肺俳班 晩	否批秘俵	腹奮	並陛閉片	補暮宝訪亡忘 棒	枚幕	密		盟	模	訳	郵優	預幼欲翌	乱卵覧	裏律臨			朗論		学年字数 191字 累計字数 1026字

級別漢字表

小学校学年別配当漢字を除く一一一〇字。

	4級	3級	準2級	2級
ア	握扱	哀	亜	挨曖宛嵐
イ	依威為偉違維緯壱 芋陰隠	慰	尉逸姻韻	畏萎椅彙咽淫
ウ			畝浦	唄鬱
エ	影鋭越援煙鉛縁	詠悦閲炎宴	疫謁猿	怨艶
オ	汚押奥憶	欧殴乙卸穏	凹翁虞	旺臆俺
カ	菓暇箇雅介戒皆壊 較獲刈甘汗乾勧歓 監環鑑含	佳架華嫁餓怪悔塊 慨該概郭隔穫岳掛 滑肝冠勘貫喚換敢 緩	渦禍靴寡稼蚊拐懐 劾涯垣核殻嚇括喝 渇褐轄且缶陥患堪 棺款閑寛憾還艦頑	苛牙瓦楷潰諧崖蓋 骸柿顎葛釜鎌韓玩
キ	奇祈鬼幾輝儀戯詰 却脚及丘朽巨拠距 御凶叫狂況狭恐響 驚仰	企忌軌既棋棄騎欺 犠菊吉喫虐虚峡脅 凝斤緊	飢宜偽擬糾窮拒享 挟恭矯暁菌琴謹襟 吟	伎亀毀畿臼嗅巾僅 錦
ク	駆屈掘繰	愚偶遇	隅勲薫	惧串窟
ケ	恵傾継迎撃肩兼剣 軒圏堅遣玄	刑契啓掲携憩鶏鯨 倹賢幻	茎渓蛍慶傑嫌献謙 繭顕懸弦	詣憬稽隙桁拳鍵舷
コ	枯誇鼓互抗攻更恒 荒項稿豪込婚	孤弧雇顧娯悟孔巧 甲坑拘郊控慌硬絞 綱酵克獄恨紺魂墾	呉碁江肯侯洪貢溝 衡購拷剛酷昆懇	股虎錮勾梗喉乞傲 駒頃痕
サ	鎖彩歳載剤咲惨	債催削搾錯撮擦暫	唆詐砕宰栽斎索酢 桟傘	沙挫采塞柵刹拶斬
シ	旨伺刺脂紫雌執芝 斜煮釈寂朱狩 シ続く	祉施諮侍慈軸疾湿 赦邪殊寿潤遵 シ続く	肢嗣賜璽漆遮蛇酌 爵珠儒囚臭愁 シ続く	恣摯餌叱嫉腫呪袖 羞蹴憧拭尻芯 シ続く

	シ続き	ス	セ	ソ	タ	チ	ツ	テ	ト	ナ	ニ	ネ	ノ	ハ
4級	趣需舟秀襲柔獣瞬旬巡盾召床沼称紹詳丈畳殖飾触侵振浸寝慎震薪尽陣尋	吹	是姓征跡占扇鮮	訴僧燥騒贈即俗	耐替沢拓濁脱丹淡嘆端弾	恥致遅蓄跳徴澄沈珍		抵堤摘滴添殿	吐途渡奴怒到逃倒唐桃透盗塔稲踏闘胴峠突鈍曇		弐		悩濃	杯輩拍泊迫薄爆髪抜罰般販搬範繁盤
3級	如徐匠昇掌晶焦衝鐘冗嬢錠譲嘱辱伸辛審	炊粋衰酔遂穂随髄	瀬牲婿請斥隻惜籍摂潜繕	阻措粗礎双桑掃葬遭憎促賊	怠胎袋逮滞滝択卓託諾奪胆鍛壇	稚畜窒抽鋳駐彫超聴陳鎮	墜	帝訂締哲	斗塗凍陶痘匿篤豚		尿	粘		婆排陪縛伐帆伴畔藩蛮
準2級	酬醜汁充渋銃叔淑粛塾俊准殉循庶緒叙升抄肖尚宵症祥渉訟硝粧詔奨彰償礁浄剰壌醸津唇娠紳診刃迅甚	帥睡枢崇据杉	斉逝誓析拙窃仙栓旋践遷薦繊禅漸	租疎塑壮荘捜挿曹喪槽霜藻	妥堕惰駄泰濯但棚	痴逐秩嫡衷弔挑眺釣懲勅朕	塚漬坪	呈廷邸亭貞逓偵艇泥迭徹撤	悼搭棟筒謄騰洞督凸屯	軟	尼妊忍	寧		把覇廃培媒賠伯舶漠肌鉢閥煩頒
2級	腎	須裾	凄醒脊戚煎羨腺詮箋膳	狙遡曽爽痩踪捉遜	汰唾堆戴誰旦綻	緻酎貼嘲捗	椎爪鶴	諦溺塡	妬賭藤瞳頓貪丼	那謎鍋	匂虹	捻		罵剝箸氾汎斑

	ヒ		フ		ヘ	ホ			マ	ミ	ム	メ	モ	ヤ	ユ	ヨ	ラ	リ		ル	レ	ロ	ワ
計313字 5級まで1026字 累計1339字	彼疲被避尾微匹描	浜敏	怖浮普腐敷膚賦舞	幅払噴	柄壁	捕舗抱峰砲忙坊肪	冒傍帽凡盆		慢漫	妙眠	矛霧娘		茂猛網黙紋	躍	雄	与誉溶腰踊謡翼	雷頼絡欄	離粒慮療隣		涙	隷齢麗暦劣烈恋	露郎	惑腕
計284字 4級まで1339字 累計1623字	卑碑泌姫漂苗		赴符封伏覆紛墳		癖	募慕簿芳邦奉胞倣	崩飽縫乏妨房某膨	謀墨没翻	魔埋膜又	魅		滅免			幽誘憂	揚揺擁抑	裸濫	吏隆了猟陵糧厘			励零霊裂廉錬	炉浪廊楼漏	湾
計328字 3級まで1623字 累計1951字	妃披扉罷猫賓頻瓶		扶附譜侮沸雰憤		丙併塀幣弊偏遍	泡俸褒剖紡朴僕撲	堀奔		麻摩磨抹	岬		銘	妄盲耗	厄	愉諭癒唯悠猶裕融	庸窯	羅酪	痢履柳竜硫虜涼僚	寮倫	累塁	戻鈴		賄枠
計185字 準2級まで1951字 累計2136字	眉膝肘		訃		蔽餅璧蔑	哺蜂貌頬睦勃			昧枕	蜜		冥麺		冶弥闇	喩湧	妖瘍沃	拉辣藍	璃慄侶瞭		瑠		呂賂弄籠麓	脇

部首一覧表(いちらん)

表の上には部首を画数順に配列し、下には漢字の中で占める位置によって形が変化するものや特別な名称を持つものを示す。

偏(へん)…（左）
旁(つくり)…（右）
冠(かんむり)…（上）
脚(あし)…（下）
垂(たれ)…（上・左）
繞(にょう)…（左・下）
構(かまえ)…（囲み）

番号	部首	形	位置	名称
一画				
1	【一】	一		いち
2	【丨】	丨		ぼう たてぼう
3	【丶】	丶		てん
4	【丿】	丿		の はらいぼう
5	【乙】	乙		おつ
		乚	旁	おつ
6	【亅】	亅		はねぼう
二画				
7	【二】	二		に
8	【亠】	亠	冠	なべぶた けいさんかんむり
9	【人】	人		ひと
		亻	偏	にんべん
9	【人】	𠆢	冠	ひとやね
10	【入】	入		いる
11	【儿】	儿		ひとあし にんにょう
12	【八】	八		はち
		八	脚	は
13	【冂】	冂	構	どうがまえ けいがまえ まきがまえ
14	【冖】	冖	冠	わかんむり
15	【冫】	冫		にすい
16	【几】	几		つくえ
17	【凵】	凵		うけばこ
18	【刀】	刀		かたな
		刂	旁	りっとう
19	【力】	力		ちから
20	【勹】	勹	構	つつみがまえ
21	【匕】	匕		ひ
22	【匚】	匚	構	はこがまえ
23	【匸】	匸	構	かくしがまえ
24	【十】	十		じゅう
25	【卜】	卜		と うらない
26	【卩】	卩		わりふ ふしづくり
		㔾		わりふ ふしづくり
27	【厂】	厂	垂	がんだれ
28	【厶】	厶		む
29	【又】	又		また
三画				
30	【口】	口		くち
		口	偏	くちへん
31	【囗】	囗	構	くにがまえ
32	【土】	土		つち
		土	偏	つちへん
33	【士】	士		さむらい
34	【夂】	夂	脚	すいにょう ふゆがしら
35	【夕】	夕		た ゆうべ
36	【大】	大		だい
37	【女】	女		おんな
		女	偏	おんなへん
38	【子】	子		こ
		子	偏	こへん
39	【宀】	宀	冠	うかんむり
40	【寸】	寸		すん
41	【小】	小		しょう
		⺌	冠	しょう

番号	部首	字形	名称
42	【尢】	尢	だいのまげあし
43	【尸】	尸	かばね しかばね
44	【屮】	屮	てつ
45	【山】	山	やま
		山	やまへん
46	【川】	川	かわ
		巛	かわ
47	【工】	工	え たくみ
		工	たくみへん
48	【己】	己	おのれ
49	【巾】	巾	はば
		巾	はばへん きんべん
50	【干】	干	かん いちじゅう
51	【幺】	幺	よう いとがしら
52	【广】	广	まだれ
53	【廴】	廴	えんにょう
54	【廾】	廾	こまぬき にじゅうあし
55	【弋】	弋	しきがまえ
56	【弓】	弓	ゆみ
		弓	ゆみへん
57	【彐】	彑	けいがしら
58	【彡】	彡	さんづくり
59	【彳】	彳	ぎょうにんべん
60	【⺍】	⺍	つかんむり

忄→心　扌→手　氵→水　犭→犬　艹→艸　辶→辵　阝(右)→邑　阝(左)→阜

四画

番号	部首	字形	名称
61	【心】	心	こころ
		忄	りっしんべん
		⺗	したごころ
62	【戈】	戈	ほこづくり ほこがまえ
63	【戸】	戸	と
		戸	とだれ とかんむり
64	【手】	手	て
		扌	てへん
65	【支】	支	し
66	【攴】	攵	のぶん ぼくづくり
67	【文】	文	ぶん
68	【斗】	斗	とます
69	【斤】	斤	きん
		斤	おのづくり
70	【方】	方	ほう
		方	ほうへん かたへん
71	【日】	日	ひ
		日	ひへん
72	【曰】	曰	ひらび いわく
73	【月】	月	つき
		月	つきへん
74	【木】	木	き
		木	きへん
75	【欠】	欠	あくび かける
76	【止】	止	とめる
77	【歹】	歹	かばねへん いちたへん がつへん
78	【殳】	殳	るまた ほこづくり
79	【毋】	毋	なかれ
80	【比】	比	ならびひ くらべる
81	【毛】	毛	け
82	【氏】	氏	うじ
83	【气】	气	きがまえ
84	【水】	水	みず

番号	部首	形	名称
84	【水】	氵	さんずい
		氺	したみず
85	【火】	火	ひ
		火	ひへん
		灬	れんが・れっか
86	【爪】	爪	つめ
		爫	つめかんむり・つめがしら
87	【父】	父	ちち
88	【片】	片	かた
		片	かたへん
89	【牙】	牙	きば
90	【牛】	牛	うし
		牛	うしへん
91	【犬】	犬	いぬ
		犭	けものへん

王・王→玉　耂→老　礻→示　辶→辵

五画

番号	部首	形	名称
92	【玄】	玄	げん
93	【玉】	玉	たま
		王	おう
		王	おうへん・たまへん
94	【瓦】	瓦	かわら
95	【甘】	甘	かん・あまい
96	【生】	生	うまれる
97	【用】	用	もちいる
98	【田】	田	た
		田	たへん
99	【疋】	疋	ひき
		𤴔	ひきへん
100	【疒】	疒	やまいだれ
101	【癶】	癶	はつがしら
102	【白】	白	しろ
103	【皮】	皮	けがわ
104	【皿】	皿	さら
105	【目】	目	め
		目	めへん
106	【矛】	矛	ほこ
107	【矢】	矢	や
		矢	やへん
108	【旡】	旡	なし・ぶ・すでのつくり
109	【石】	石	いし
		石	いしへん
110	【示】	示	しめす
		礻	しめすへん
111	【禾】	禾	のぎ
		禾	のぎへん
112	【穴】	穴	あな
		穴	あなかんむり
113	【立】	立	たつ
		立	たつへん

氺→水　衤→衣　罒→网

六画

番号	部首	形	名称
114	【竹】	竹	たけ
		⺮	たけかんむり
115	【米】	米	こめ
		米	こめへん
116	【糸】	糸	いと
		糸	いとへん
117	【缶】	缶	ほとぎ
118	【网】	罒	あみがしら・あみめ・よこめ

番号	部首	字形	読み
119	【羊】	羊	ひつじ
120	【羽】	羽	はね
121	【老】	耂	おいかんむり おいがしら
122	【而】	而	しかして しこうして
123	【耒】	耒	すきへん らいすき
124	【耳】	耳	みみ
		耳	みみへん
125	【聿】	聿	ふでづくり
126	【肉】	肉	にく
		月	にくづき
127	【自】	自	みずから
128	【至】	至	いたる
129	【臼】	臼	うす
130	【舌】	舌	した
131	【舟】	舟	ふね
131	【舟】	舟	ふねへん
132	【艮】	艮	ねづくり こんづくり
133	【色】	色	いろ
134	【艸】	艹	くさかんむり
135	【虍】	虍	とらがしら とらかんむり
136	【虫】	虫	むし
		虫	むしへん
137	【血】	血	ち
138	【行】	行	ぎょう
		行	ぎょうがまえ ゆきがまえ
139	【衣】	衣	ころも
		衤	ころもへん
140	【襾】	西	にし
		覀	おおいかんむり
七画			
141	【見】	見	みる
142	【臣】	臣	しん
143	【角】	角	かく つの
		角	つのへん
144	【言】	言	げん
		言	ごんべん
145	【谷】	谷	たに
146	【豆】	豆	まめ
147	【豕】	豕	ぶた いのこ
148	【豸】	豸	むじなへん
149	【貝】	貝	かい こがい
		貝	かいへん
150	【赤】	赤	あか
151	【走】	走	はしる
		走	そうにょう
152	【足】	足	あし
		𧾷	あしへん
153	【身】	身	み
154	【車】	車	くるま
		車	くるまへん
155	【辛】	辛	からい
156	【辰】	辰	しんのたつ
157	【辵】	辶	しんにょう しんにゅう
		⻌	しんにょう しんにゅう
158	【邑】	阝	おおざと
159	【酉】	酉	ひよみのとり
		酉	とりへん
160	【釆】	釆	のごめ
		釆	のごめへん
161	【里】	里	さと

※注「⻌」については「遡・遜」のみに適用。

画数	番号	部首	字形	名称
	161	【里】	里	さとへん
	162	【舛】	舛	まいあし
	163	【麦】	麦	むぎ
			麦	ばくにょう
八画	164	【金】	金	かね
			金	かねへん
	165	【長】	長	ながい
	166	【門】	門	もん
			門	もんがまえ
	167	【阜】	阜	おか
			阝	こざとへん
	168	【隶】	隶	れいづくり
	169	【隹】	隹	ふるとり
	170	【雨】	雨	あめ
	170	【雨】	⻗	あめかんむり
	171	【青】	青	あお
	172	【非】	非	あらず ひ
	173	【斉】	斉	せい
九画	174	【面】	面	めん
	175	【革】	革	かくのかわ つくりがわ
			革	かわへん
	176	【音】	音	おと
	177	【頁】	頁	おおがい
	178	【風】	風	かぜ
	179	【飛】	飛	とぶ
	180	【食】	食	しょく
			食	しょくへん
			飠	しょくへん
	181	【首】	首	くび
	182	【香】	香	か かおり
十画	183	【馬】	馬	うま
			馬	うまへん
	184	【骨】	骨	ほね
			骨	ほねへん
	185	【高】	高	たかい
	186	【髟】	髟	かみがしら
	187	【鬯】	鬯	ちょう
	188	【鬼】	鬼	おに
			鬼	きにょう
	189	【韋】	韋	なめしがわ
	190	【竜】	竜	りゅう
十一画	191	【魚】	魚	うお
			魚	うおへん
	192	【鳥】	鳥	とり
	193	【鹿】	鹿	しか
	194	【麻】	麻	あさ
	195	【黄】	黄	き
	196	【黒】	黒	くろ
	197	【亀】	亀	かめ
十二画	198	【歯】	歯	は
			歯	はへん
十三画	199	【鼓】	鼓	つづみ
十四画	200	【鼻】	鼻	はな

※注「飠」については「餌・餅」のみに適用。

常用漢字表　付表（熟字訓・当て字など）

＊小・中・高：小学校・中学校・高等学校のどの時点で学習するかの割り振りを示した。

※以下に挙げられている語を構成要素の一部とする熟語に用いてもかまわない。

例「河岸（かし）」→「魚河岸（うおがし）」／「居士（こじ）」→「一言居士（いちげんこじ）」

付表1

語	読み	小	中	高
明日	あす	●		
小豆	あずき		●	
海女・海士	あま			●
硫黄	いおう		●	
意気地	いくじ		●	
田舎	いなか		●	
息吹	いぶき			●
海原	うなばら		●	
乳母	うば		●	
浮気	うわき			●
浮つく	うわつく		●	
笑顔	えがお		●	
叔父・伯父	おじ		●	
大人	おとな	●		
乙女	おとめ		●	
叔母・伯母	おば		●	
お巡りさん	おまわりさん		●	
お神酒	おみき			●
母屋・母家	おもや			●
母さん	かあさん	●		
神楽	かぐら			●
河岸	かし			●
鍛冶	かじ		●	
風邪	かぜ		●	
固唾	かたず		●	
仮名	かな		●	
蚊帳	かや			●
為替	かわせ		●	
河原・川原	かわら	●		
昨日	きのう	●		
今日	きょう	●		
果物	くだもの	●		
玄人	くろうと			●
今朝	けさ	●		
景色	けしき	●		
心地	ここち		●	

語	読み	小	中	高
居士	こじ			●
今年	ことし	●		
早乙女	さおとめ		●	
雑魚	ざこ			●
桟敷	さじき			●
差し支える	さしつかえる		●	
五月	さつき		●	
早苗	さなえ		●	
五月雨	さみだれ		●	
時雨	しぐれ		●	
尻尾	しっぽ		●	
竹刀	しない		●	
老舗	しにせ		●	
芝生	しばふ		●	
清水	しみず	●		
三味線	しゃみせん		●	
砂利	じゃり		●	

語	読み	小	中	高
数珠	じゅず			●
上手	じょうず	●		
白髪	しらが		●	
素人	しろうと			●
師走	しわす（しはす）			●
数寄屋・数奇屋	すきや			●
相撲	すもう		●	
草履	ぞうり		●	
山車	だし			●
太刀	たち		●	
立ち退く	たちのく		●	
七夕	たなばた	●		
足袋	たび		●	
稚児	ちご			●
一日	ついたち	●		
築山	つきやま			●
梅雨	つゆ		●	

語	読み	小	中	高
凸凹	でこぼこ		●	
手伝う	てつだう	●		
伝馬船	てんません			●
投網	とあみ			●
父さん	とうさん	●		
十重二十重	とえはたえ			●
読経	どきょう			●
時計	とけい	●		
友達	ともだち	●		
仲人	なこうど			●
名残	なごり		●	
雪崩	なだれ		●	
兄さん	にいさん	●		
姉さん	ねえさん	●		
野良	のら			●
祝詞	のりと			●
博士	はかせ	●		

語	読み	小	中	高
二十・二十歳	はたち		●	
二十日	はつか	●		
波止場	はとば		●	
一人	ひとり	●		
日和	ひより		●	
二人	ふたり	●		
二日	ふつか	●		
吹雪	ふぶき		●	
下手	へた	●		
部屋	へや	●		
迷子	まいご	●		
真面目	まじめ	●		
真っ赤	まっか	●		
真っ青	まっさお	●		
土産	みやげ		●	
息子	むすこ		●	
眼鏡	めがね	●		

語	読み	小	中	高
猛者	もさ			●
紅葉	もみじ		●	
木綿	もめん		●	
最寄り	もより		●	
八百長	やおちょう			●
八百屋	やおや	●		
大和	やまと		●	
弥生	やよい		●	
浴衣	ゆかた			●
行方	ゆくえ		●	
寄席	よせ			●
若人	わこうど		●	

付表2

語	読み	小	中	高
愛媛	えひめ	●		
茨城	いばらき	●		
岐阜	ぎふ	●		
鹿児島	かごしま	●		
滋賀	しが	●		
宮城	みやぎ	●		
神奈川	かながわ	●		
鳥取	とっとり	●		
大阪	おおさか	●		
富山	とやま	●		
大分	おおいた	●		
奈良	なら	●		

二とおりの読み

片仮名（かたかな）は音読み、平仮名は訓読みを示す。

「常用漢字表」（平成22年）本表備考欄（らん）による。

漢字	読み	備考
遺	ユイ	「遺言（ゆいごん）」は、「イゴン」とも。
奥	オウ	「奥義（おうぎ）」は、「おくギ」とも。
堪	カン	「堪能（かんのう）」は、「タンノウ」とも。
吉	キチ	「吉日（きちじつ）」は、「キツジツ」とも。
兄	キョウ	「兄弟（きょうだい）」は、「ケイテイ」と読むこともある。
甲	カン	「甲板（かんぱん）」は、「コウハン」とも。
合	ガッ	「合点（がってん）」は、「ガテン」とも。
昆	コン	「昆布（こんぶ）」は、「コブ」とも。
紺	コン	「紺屋（こんや）」は、「コウや」とも。
詩	シ	「詩歌（しか）」は、「シイカ」とも。
七	なの	「七日（なのか）」は、「なぬか」とも。
若	ニャク	「老若（ろうにゃく）」は、「ロウジャク」とも。

漢字	読み	備考
寂	セキ	「寂然（せきぜん）」は、「ジャクネン」とも。
主	ス	「法主（ほっす）」は、「ホウシュ」、「ホッシュ」とも。
十	ジッ	「ジュッ」とも。
緒	チョ	「情緒（じょうちょ）」は、「ジョウショ」とも。
憧	ショウ	「憧憬（しょうけい）」は、「ドウケイ」とも。
数	ス	「人数（にんず）」は、「ニンズウ」とも。
贈	ソウ	「寄贈（きそう）」は、「キゾウ」とも。
側	がわ	「かわ」とも。
唾	つば	「唾（つば）」は、「つばき」とも。
着	ジャク	「愛着（あいじゃく）」、「執着（しゅうじゃく）」は、「アイチャク」、「シュウチャク」とも。
貼	チョウ	「貼付（ちょうふ）」は、「テンプ」とも。

二とおりの読み

漢字	読み	備考
難	むずかしい	「**むつかしい**」とも。
泌	ヒツ	「**分泌**(ぶんぴつ)」は、「**ブンピ**」とも。
富	フウ	「**富貴**(ふうき)」は、「**フッキ**」とも。
文	モン	「**文字**(もんじ)」は、「**モジ**」とも。
法	ホッ	「**法主**(ほっす・ほっしゅ)」は、「**ホウシュ**」とも。
望	モウ	「**大望**(たいもう)」は、「**タイボウ**」とも。
頬	ほお	「**頬**(ほお)」は、「**ほほ**」とも。
末	バツ	「**末子**(ばっし)」、「**末弟**(ばってい)」は、「**マッシ**」、「**マッテイ**」とも。
免	まぬかれる	「**まぬがれる**」とも。
妄	ボウ	「**妄言**(ぼうげん)」は、「**モウゲン**」とも。
目	ボク	「**面目**(めんぼく)」は、「**メンモク**」とも。
問	とん	「**問屋**(とんや)」は、「**といや**」とも。
礼	ライ	「**礼拝**(らいはい)」は、「**レイハイ**」とも。

注意すべき読み

片仮名は音読み、平仮名は訓読みを示す。

「常用漢字表」（平成22年）本表備考欄による。

漢字	読み	備考
位	イ	「三位一体」、「従三位」は、「サンミイッタイ」、「ジュサンミ」。
羽	は	「羽（は）」は、前に来る音によって「わ」、「ば」、「ぱ」になる。 用語例＝一羽（わ）、三羽（ば）、六羽（ぱ）
雨	あめ	「春雨」、「小雨」、「霧雨」などは、「はるさめ」、「こさめ」、「きりさめ」。
縁	エン	「因縁」は、「インネン」。
王	オウ	「親王」、「勤王」などは、「シンノウ」、「キンノウ」。
応	オウ	「反応」、「順応」などは、「ハンノウ」、「ジュンノウ」。
音	オン	「観音」は、「カンノン」。
穏	オン	「安穏」は、「アンノン」。
皇	オウ	「天皇」は、「テンノウ」。
上	ショウ	「身上」は、「シンショウ」と「シンジョウ」とで、意味が違う。
把	ハ	「把（ハ）」は、前に来る音によって「ワ」、「バ」、「パ」になる。 用語例＝一把（ワ）、三把（バ）、十把（パ）

漢検 6級 漢字学習ステップ 改訂四版

2024年2月20日　第1版第5刷　発行
編　者　公益財団法人 日本漢字能力検定協会
発行者　山崎　信夫
印刷所　三松堂株式会社
製本所　株式会社 渋谷文泉閣

発行所　**公益財団法人 日本漢字能力検定協会**
〒605-0074　京都市東山区祇園町南側551番地
☎(075)757-8600
ホームページ https://www.kanken.or.jp/

Printed in Japan
ISBN978-4-89096-406-2 C0081

公益財団法人 日本漢字能力検定協会

改訂四版

漢検 漢字学習 ステップ

標準解答

別冊(べっさつ)

※「標準解答」をとじているはり金でけがをしないよう、
気をつけてください。

漢検 公益財団法人 日本漢字能力検定協会

700406 (1-5)

ステップ1

1 P.12

1 うつ
2 えきしゃ
3 えいじゅう
4 えいぎょう
5 えいせい
6 けつあつ
7 えいせい
8 いとな
9 いてん
10 かこ
11 やさ
12 いんが

2 P.13

1 永
2 祝
3 梅
4 徳
5 陸
6 望
7 位
8 衛
9 衣
10 圧

3

1 ア
2 イ
3 イ
4 ア
5 イ
6 ア

4 P.14

1 水圧
2 周囲
3 原因
4 移
5 低気圧
6 運営
7 衛生
8 易
9 移動
10 永遠
11 営
12 安易

ステップアップメモ

易者(えきしゃ) 易でうらなうことを職業(しょくぎょう)とする人。

低気圧(ていきあつ) 周囲よりも気圧が低いところ。ふつう悪天候。
高気圧(こうきあつ) 周囲よりも気圧が高いところ。ふつう好天。

安易(あんい) 深く考えず、いいかげんな様子。

ステップ2

1 P.16

1 さくらそう
2 かいえん
3 おうとう
4 けつえき
5 ゆうえき
6 こうえん
7 おうきゅう
8 おうろ
9 さくら
10 ふか
11 こた
12 えん

2 P.17

1 液
2 洋
3 因
4 副
5 曲
6 陸
7 敗
8 未
9 徒
10 熱

3

1 ウ
2 ア
3 イ
4 イ
5 ウ
6 イ
7 ウ
8 イ
9 ア
10 エ

4 P.18

1 応
2 益鳥
3 桜
4 演習
5 液体
6 利益
7 応用
8 出演
9 葉桜
10 往年
11 可決
12 分相応

ステップアップメモ

有益(ゆうえき) 役に立つことや、ためになること。

分相応(ぶんそうおう) 物事が、身分や能力(のうりょく)に合っていること。

ステップ3

1 P.20

1 りかい　2 かくやす　3 こころよ
4 うんが　5 す　6 かり
7 えいようか　8 ゆきど　9 かいそく
10 かわら　11 かかく　12 す

2 P.21

1 エ・耂　2 コ・貝　3 ケ・水　4 ウ・彳
5 キ・亻　6 オ・口　7 イ・木

3

1 エ　2 ク　3 カ　4 イ
5 ウ　6 オ　7 ア　8 キ

4 P.22

1 軽快　2 銀河　3 解　4 定価
5 快晴　6 仮　7 合格　8 仮面
9 解散　10 通過　11 仮説　12 過

ステップアップメモ

格安（かくやす）　品物やサービスの価格が、その質（しつ）に比（くら）べて安いこと。
仮説（かせつ）　ある事実・現象（げんしょう）を統一（とういつ）的に説明するために仮に立てた理論（りろん）。

ステップ4

1 P.24

1 がんか　2 しんかんせん　3 せいき
4 きんがく　5 みき　6 せいかく
7 ちょうかん　8 ろうがんきょう　9 かく
10 しゅうかん　11 ちゃくがん　12 な

2 P.25

1 イ　2 ア　3 イ　4 ア　5 ア
6 イ　7 イ　8 ア　9 ア　10 イ

3

1 永　2 演　3 往　4 眼　5 刊
6 価　7 紀　8 益　9 慣　10 信

4 P.26

1 肉眼　2 新刊　3 風紀　4 額
5 幹　6 眼科　7 慣　8 確
9 慣用　10 休刊　11 紀行　12 額

ステップアップメモ

眼下（がんか）　高いところから見下ろした、あたり一面のこと。
着眼（ちゃくがん）　目のつけ方。注目するところ。
風紀（ふうき）　人々が社会で生活していく上で、守るべき決まり。
紀行文（きこうぶん）　旅行中の感想などを記した文。

ステップ 5

P.28
1
1 きふ　2 さか　3 きゅうぎ
4 きてい　5 ぎ　6 きほんてき
7 とくぎ　8 さか　9 じょうぎ
10 よ　11 せいぎかん　12 よろこ

P.29
2
1 キ・禾　2 イ・宀　3 ク・羊　4 ウ・頁
5 カ・辶　6 オ・氵　7 エ・阝

3
1 過　2 標　3 眼　4 周　5 答
6 衛　7 解　8 完　9 因　10 参

P.30
4
1 基本　2 演技　3 大喜　4 寄
5 逆立　6 寄　7 逆転　8 競技
9 義理　10 基地　11 規　12 寄

ステップアップメモ

義理(ぎり)がたい　人間関係の義理を大切にする様子。
三人寄(さんにんよ)ればもんじゅのちえ　特別に頭がよい者でなくても、三人集まって話し合えば、よい考えが思いうかぶということ。

力だめし 第1回

P.31
1
1 きあつ　2 ていか　3 しょういん
4 おう　5 さくら　6 かんよう
7 きこう　8 かいせい　9 いしょく
10 うつ

2
1 囲む　2 易しい　3 逆らう　4 慣らす
5 過ぎる　6 快く　7 確かめる　8 解ける
9 応える　10 営む

P.32
3
1 忄・りっしんべん　2 宀・うかんむり
3 𥫗・たけかんむり　4 門・もんがまえ
5 見・みる

4
1 3・13　2 8・15　3 9・11
4 6・8　5 10・14

5
1 喜　2 仮　3 額　4 銀河
5 幹　6 刊　7 液　8 益
9 基　10 紀

ステップ6

P.36 **1**

1 きゅうじょ　2 ひさ　3 いま
4 へいきん　5 さかい　6 きゅうゆう
7 ゆる　8 きゅうきゅうばこ
9 きんし　10 しんきょう　11 えいきゅう
12 ゆる

P.37 **2**

1 ア　2 イ　3 ア　4 イ　5 ア
6 ア　7 ア　8 イ　9 イ　10 イ

3

1 イ　2 ア　3 ア　4 イ　5 ア
6 イ　7 ア　8 イ　9 イ　10 ア

P.38 **4**

1 境　2 均一　3 救　4 許可
5 救急　6 均等　7 国境　8 禁
9 住居　10 久　11 旧式　12 許

ステップアップメモ

旧友(きゅうゆう)　古くからの友人。昔なじみ。
心境(しんきょう)　その時の気持ち。
永住(えいじゅう)　一つの土地にずっと住み続けること。
転居(てんきょ)　引(ひ)っ越(こ)しをすること。

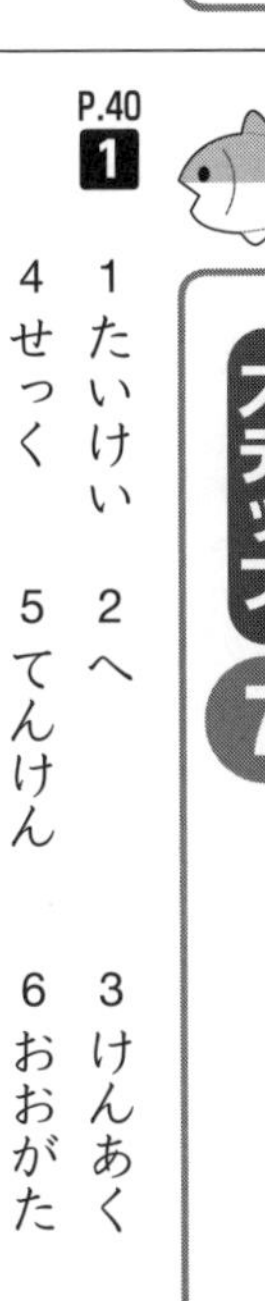

ステップ7

P.40 **1**

1 たいけい　2 へ　3 けんあく
4 せっく　5 てんけん　6 おおがた
7 けいけん　8 せいけつ　9 べっけん
10 ごく　11 むしんけい　12 けわ

P.41 **2**

1 益　2 件　3 規　4 確　5 経
6 居　7 旧　8 眼　9 境　10 寄

3

1 写　2 移　3 慣　4 鳴
5 均　6 禁　7 検　8 件
9 永　10 営　11 衛

P.42 **4**

1 事件　2 経営　3 句読点　4 険
5 文句　6 件数　7 型紙　8 検
9 経　10 潔白　11 新型　12 険

ステップアップメモ

保険(ほけん)　お金を積み立てて、思いがけない事故(じこ)のときに一定金額の給付を受ける制度(せいど)。「生命保険」
保健(ほけん)　健康をたもつこと。「保健体育」

ステップ 8

1 P.44

1 げんじつ　2 ごしん　3 ゆうこう
4 へ　5 こじん　6 かぎ
7 こじん　8 き　9 げんしょう
10 あらわ　11 きげん　12 じこ

2 P.45

1 限　2 現　3 基　4 液　5 件
6 境　7 圧　8 現　9 衛　10 均

3

1 快い　2 険しい　3 減らす　4 移り
5 救う　6 許す　7 寄せる　8 慣れる
9 限る　10 喜ぶ

4 P.46

1 効果　2 故国　3 表現　4 個
5 限度　6 愛護　7 限　8 減
9 現　10 故意　11 個室　12 減量

ステップアップメモ

故人（こじん）　死んだ人。「故人をしのぶ」
故国（ここく）　自分の生まれた国。類 祖国（そこく）・母国
故意（こい）　わざとすること。

ステップ 9

1 P.48

1 けっこう　2 つ　3 こうせき
4 きょうみ　5 たがや　6 こうせい
7 こうえんかい　8 あつ　9 こうち
10 みがま　11 あつで　12 こう

2 P.49

1 想　2 減　3 好　4 清　5 解
6 実　7 逆　8 過　9 許　10 応

3

1 コ・攵　2 エ・ロ　3 キ・力　4 ウ・厂
5 イ・氵　6 オ・阝　7 カ・言

4 P.50

1 航海　2 厚紙　3 興味　4 鉱山
5 広告　6 耕　7 厚着　8 講習
9 構　10 耕作　11 鉄鉱　12 告

ステップアップメモ

好転（こうてん）　物事がよいほうに変わっていくこと。
広告（こうこく）　物を売るため、品物について世間に広く知らせること。そのための印刷物など。
耕作（こうさく）　農作物を作るために、田畑を耕すこと。

ステップ10

P.52 **1**

1 ふたた　2 こんどう　3 けんさ
4 ふさい　5 さいせい　6 かさい
7 さいこう　8 じつざい　9 さいりよう
10 つま　11 と　12 こくさい

P.53 **2**

1 4　2 11　3 8　4 5　5 2
6 2　7 2　8 4　9 3　10 3

3

1 ア　2 ア　3 ウ　4 イ　5 ウ
6 イ　7 イ　8 ア

P.54 **4**

1 実際　2 混　3 災害　4 再生
5 在校　6 採点　7 調査　8 採
9 混声　10 妻　11 再　12 妻子

ステップアップメモ

■同じ訓の漢字の意味のちがいに注意しよう

混じる　種類のちがうものがとけ合ったように区別がつかなくなる。「水に絵の具が混じる」
交じる　いろいろなものがとけ合わずに入り組む。

力だめし 第2回

P.55 **1**

1 き　2 しゅっこう　3 かま
4 きんとう　5 かいきん　6 こうせき
7 きょじゅう　8 い　9 のうこう
10 たがや

2

1 エ　2 ウ　3 ア　4 イ　5 エ
6 ウ　7 イ　8 ア　9 ウ　10 ア

P.56 **3**

1 久　2 限　3 効　4 格　5 件
6 故　7 基　8 現　9 眼　10 査

4

1 国際　2 混同　3 救　4 採用
5 険　6 許　7 講習　8 大河
9 経　10 減

ステップアップメモ

出航（しゅっこう）　船が港から出ること。飛行機にも使う。
均等（きんとう）　どれも等しく、差がないこと。
混同（こんどう）　区別しなければならないものを、同じものと考えてしまうこと。

ステップ 11

P.60 **1**

1 さっき　2 ししゅつ　3 ざっそう
4 ざいさん　5 さんどう　6 こんざつ
7 たんさん　8 こうざい　9 ひこうし
10 ささ　11 ころ　12 つみ

P.61 **2**

1 均　2 基　3 賛　4 技　5 経
6 賀　7 格　8 査　9 読　10 幹

3

1 着　2 減　3 昼　4 苦　5 妻
6 買　7 他　8 旧　9 暗　10 軽

P.62 **4**

1 無罪　2 運転士　3 酸味　4 支
5 士気　6 雑音　7 殺　8 文化財
9 支柱　10 雑木　11 賛成　12 罪

ステップアップメモ

功罪（こうざい）　手がらと罪。一つの物事のよい面と悪い面。
士気（しき）　人々が団結（だんけつ）して物事を行うときの意気ごみ。
息を殺す（いきをころす）　息を止めて、じっとひそんでいる様子。

ステップ 12

P.64 **1**

1 し　2 しりょう　3 しいく
4 えだ　5 にがおえ　6 いし
7 こうし　8 しきん　9 しめ
10 か　11 にあ　12 ひょうじ

P.65 **2**

1 エ　2 イ　3 キ　4 オ
5 ア　6 ク　7 ウ　8 カ

3

1 師　2 解　3 経　4 興　5 久
6 災　7 均　8 示　9 眼　10 応

P.66 **4**

1 資格　2 医師　3 志　4 枝
5 示　6 教師　7 飼　8 志望
9 小枝　10 似　11 指示　12 史

ステップアップメモ

■同音異義語（どうおんいぎご）の意味のちがいに注意しよう

師事（しじ）　ある人を先生として、その教えを受けること。
支持（しじ）　人の意見や行動などに賛同し、応援（おうえん）すること。
指示（しじ）　指し示すこと。指図すること。

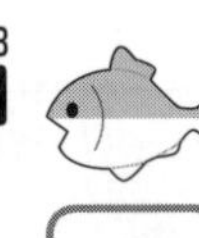

ステップ13

P.68
1
1 おさ
2 しつもん
3 ゆうしきしゃ
4 きゅうこうしゃ
5 きょうじゅ
6 かいしゅう
7 ちしき
8 の
9 ぶっしつ
10 しゃざい
11 でんじゅ
12 たいしゃ

P.69
2
1 件・故
2 温・算
3 生・星
4 決・散
5 金・本

3
1 基
2 均
3 査
4 禁
5 潔
6 過
7 採
8 益
9 志
10 救

P.70
4
1 品質
2 修
3 意識
4 感謝
5 修理
6 授業
7 宿舎
8 述
9 修学
10 体質
11 校舎
12 述語

ステップアップメモ

検算（けんざん）　計算が正しくできているか、もう一度計算して確かめること。
検査（けんさ）　一定の基準（きじゅん）にしたがって悪いところやあやまりがないかを調べること。参考「検」にも「査」にも、「調べる」という意味があります。

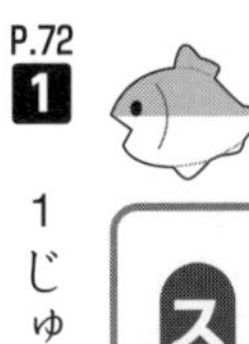

ステップ14

P.72
1
1 じゅんじょ
2 しょうたい
3 じゅんけっしょう
4 ぎじゅつ
5 じょうけん
6 まね
7 きじゅん
8 かんしょう
9 しょうめい
10 びじゅつひん
11 にゅうしょう
12 たいしょう

P.73
2
1 解
2 仮
3 逆
4 識
5 眼
6 再
7 慣
8 演
9 査
10 鉱

3
1 ア
2 ウ
3 エ
4 ア
5 ウ
6 イ
7 ウ
8 ア
9 エ
10 イ

P.74
4
1 技術
2 標準
3 招待
4 検証
5 序文
6 条約
7 現象
8 暗証
9 招
10 賞品
11 印象
12 芸術

ステップアップメモ

消印（けしいん）　切手などが使われた証明におす日付入りの印。
枝道（えだみち）　大きな本通りから分かれたわき道。

ステップ 15

1 P.76

1 せいじょう　2 じしょく　3 ひょうじょう
4 じょうおん　5 ねんがじょう
6 けおりもの　7 なさ　8 しょうじょう
9 せいかく　10 きせい　11 お
12 じょうねつ

2 P.77

1 液　2 質　3 解　4 賛　5 支
6 標　7 因　8 応　9 序　10 句

3

1 7　2 11　3 15　4 18　5 11
6 14　7 18　8 12　9 16　10 14

4 P.78

1 礼状　2 心情　3 常　4 制限
5 職員　6 組織　7 感情　8 酸性
9 転職　10 織物　11 制度　12 情

ステップアップメモ

辞職（じしょく）　仕事や役目を自分から辞めること。
礼状（れいじょう）　お礼を伝えるための手紙。
情けは人のためならず（なさけはひとのためならず）　人に親切にすると、めぐりめぐって自分によいむくいが来るということ。

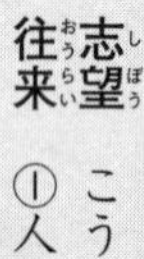

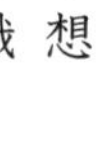
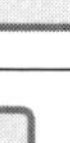

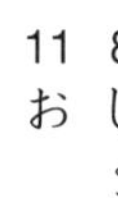

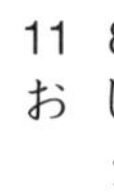

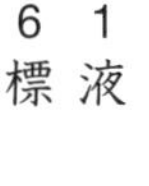
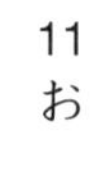
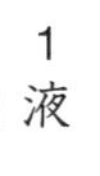
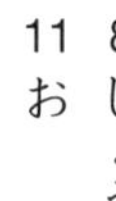

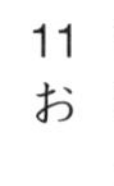
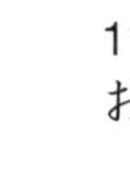

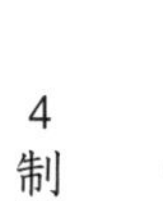

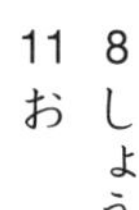

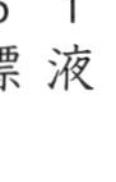

力だめし 第3回

1 P.79

1 じょうやく　2 じゅしょう　3 ぶんかざい
4 おさ　5 に　6 じゅぎょう
7 かんしゃ　8 つみ　9 しいく
10 か

2

1 エ　2 ア　3 イ　4 ウ　5 エ
6 ウ　7 ア　8 イ　9 エ　10 ウ

3 P.80

1 禁　2 仮　3 想　4 賛　5 質
6 師　7 信　8 職　9 来　10 序

4

1 知識　2 士　3 述　4 混雑
5 織　6 常　7 液状　8 芸術
9 指　10 支

ステップアップメモ

志望（しぼう）　こうなりたいと望むこと。
往来（おうらい）　①人や車などが、行き来すること。②道そのもの。通り。

ステップ16

1 P.84

1 せき　2 せいじ　3 おおぜい　4 てせい　5 せいど　6 じっせき　7 ぜいきん　8 いきお　9 せいふ　10 じゅうみんぜい　11 こうせいせき　12 せ

2 P.85

1 構える　2 再び　3 耕す　4 述べる　5 支え　6 険しい　7 志す　8 招く　9 混ぜる　10 示し

3

1 旧　2 落　3 敗　4 暑　5 低　6 近　7 洋　8 欠　9 散　10 害

4 P.86

1 精神　2 勢力　3 財政　4 紙製　5 功績　6 政治　7 成績　8 加勢　9 製本　10 責　11 減税　12 勢

ステップアップメモ

手製(てせい)　手作りしたもの。
加勢(かせい)　力を貸(か)すこと。協力すること。

ステップ17

1 P.88

1 せいぞう　2 もう　3 せつぞく　4 そうかくすう　5 さんそ　6 そうで　7 ぜつぼうてき　8 そぼ　9 た　10 せっち　11 つく　12 せんぞ

2 P.89

1 織　2 識　3 術　4 証　5 状　6 眼　7 効　8 飼　9 舎　10 故

3

1 政　2 象　3 情　4 慣　5 条　6 招　7 刊　8 採　9 講　10 災

4 P.90

1 設　2 接近　3 総合　4 炭素　5 接種　6 絶　7 建設　8 祖父　9 絶好　10 素質　11 構造　12 祖先

ステップアップメモ

総出(そうで)　何かを行うとき、全員がそろって出ること。
素質(そしつ)　生まれ持った特殊(とくしゅ)な性質。

ステップ18

P.92
1
1 がぞう 2 そんがい 3 かくりつ 4 きそくてき 5 ふ 6 ひき 7 そうぞう 8 ま 9 そくてい 10 はんそく 11 しょぞく 12 はか

P.93
2
1 折 2 織 3 往 4 応 5 仮 6 価 7 基 8 寄 9 精 10 勢 11 政

3
1 絶 2 解 3 述 4 祖 5 増 6 居 7 格 8 師 9 職 10 絶

P.94
4
1 損失 2 想像 3 規則 4 率 5 増水 6 測 7 確率 8 属 9 観測 10 増 11 金属 12 損

ステップアップメモ

寄付（きふ） 公共団体などに、善意（ぜんい）で金品を贈（おく）ること。
内職（ないしょく） 本職以外にする仕事。授業中にこっそり別のことをすること、という意味もあります。

ステップ19

P.96
1
1 ぞうちく 2 ちょきん 3 か 4 しゅっちょう 5 たいど 6 にゅうだん 7 けつだん 8 か 9 きず 10 じょうたい 11 だんけつ 12 ことわ

P.97
2
1 7 2 3 3 3 4 10 5 6 6 5 7 2 8 8 9 6 10 5

3
1 イ 2 ウ 3 イ 4 ア 5 エ 6 ア 7 エ 8 ア 9 ウ 10 ウ

P.98
4
1 貯金 2 張 3 団体 4 生態 5 貯水 6 中断 7 築 8 貸 9 建築 10 主張 11 断 12 団結

ステップアップメモ

■送りがなに注意しよう
断（ことわ）る（×断わる）、率（ひき）いる（×率る）、快（こころよ）い（×快よい）

ステップ 20

P.100

1
1 てきせつ　2 ていでん　3 とうごう
4 どうか　5 とうけい　6 おんてい
7 ていしゅつ　8 こうかいどう　9 にってい
10 てき　11 ていじ　12 でんとう

P.101

2
1 率　2 規　3 設　4 接　5 政
6 件　7 賀　8 準　9 益　10 績

3
1 ア　2 ア　3 エ　4 イ　5 ウ
6 エ　7 エ　8 イ　9 ア　10 ウ

P.102

4
1 過程　2 本堂　3 停止　4 銅像
5 伝統　6 適温　7 食堂　8 停車
9 適量　10 提案　11 行程　12 統一

ステップアップメモ

提示（ていじ）　その場に出して、相手に見せること。
清潔（せいけつ）　けがれがないこと。きれいであること。
参考　「清」にも「潔」にも、「けがれがない」という意味があります。

力だめし 第4回

P.103

1
1 せ　2 そうごう　3 は　4 せいぎ
5 ぜっこう　6 た　7 きゅうぞう
8 ふ　9 せっち　10 もう

2
1 キ・糸　2 ケ・辶　3 ウ・扌
4 オ・⺮　5 エ・尸

P.104

3
1 質　2 則　3 酸　4 件　5 税
6 飼　7 祖　8 造　9 接　10 精

4
1 エ　2 イ　3 ア　4 ウ　5 イ
6 エ　7 ウ　8 エ　9 ア　10 イ

P.105

5
1 ウ　2 シ　3 カ　4 ケ　5 ア
6 ス　7 キ　8 エ　9 ク　10 サ

6
1 像　2 態　3 素　4 賛　5 序
6 断　7 示　8 職　9 術　10 因

P.106

7
1 イ　2 ウ　3 ア　4 エ　5 イ
6 ア　7 ウ　8 エ　9 イ　10 ウ

8
1 画像　2 率　3 貸　4 校舎　5 勢
6 貯水　7 点検　8 提出　9 本堂　10 損

ステップ21

1 P.110

1 どくとく　2 どうにゅう　3 のうりつ
4 むせきにん　5 みちび　6 も
7 えたい　8 どくぶつ　9 まか
10 ひと　11 そんとく　12 のう

2 P.111

1 制・則・列　2 仮・修・個
3 程・税　4 情・慣

3

1 シ　2 ケ　3 ウ　4 オ　5 ク
6 イ　7 キ　8 ア　9 サ

4 P.112

1 燃　2 指導　3 得　4 燃料
5 独　6 責任　7 導　8 技能
9 独唱　10 消毒　11 得意　12 任

ステップアップメモ

■部首が「刂(りっとう)」の漢字
刊・刷・制・前・則・判・副・別・利・列
注「則」の部首は「貝(かいへん)」ではありません。「側」の部首は「亻(にんべん)」、「測」は「氵(さんずい)」です。

ステップ22

1 P.114

1 こ　2 はんにん　3 やぶ
4 たいひ　5 しょうひ　6 かたやぶ
7 おおばん　8 ひこうかい　9 くら
10 ひじょうぐち　11 はんが　12 はんべつ

2 P.115

1 6・10　2 4・12　3 5・8　4 5・7
5 8・10　6 1・8　7 8・14　8 9・10
9 2・5　10 2・8

3

1 ア　2 エ　3 ウ　4 エ　5 ア
6 イ　7 エ　8 ア　9 ウ　10 イ

4 P.116

1 費用　2 肥　3 比　4 破損
5 非常識　6 出版　7 肥料　8 破
9 比例　10 犯罪　11 判定　12 木版

ステップアップメモ

版画(はんが)　文字や図形などを板に彫(ほ)って、絵の具などで紙に刷ったもの。板の素材は木、石、銅などがある。

費用(ひよう)　かかるお金。

ステップ23

P.118
1
1 まず
2 しんぷ
3 しゅび
4 はいふ
5 ふくしゅう
6 ぶどう
7 ひょうか
8 ぬの
9 ふっきゅう
10 ふくしゃ
11 そな
12 むしゃ

P.119
2
1 任せる
2 率いる
3 築く
4 絶える
5 破れる
6 勢い
7 喜び
8 導く
9 設ける
10 再び

3
1 税
2 条
3 可
4 独
5 罪
6 版
7 責
8 複
9 統
10 災

P.120
4
1 往復
2 評判
3 武士
4 準備
5 主婦
6 毛布
7 複数
8 貧
9 定評
10 婦人
11 布
12 備

ステップアップメモ

備（そな）えあればうれいなし　ふだんから万一に備えて準備しておけば、いざという時にあわてたり、心配したりせずにすむという教え。

ステップ24

P.122
1
1 こな
2 ほご
3 あ
4 ぼち
5 べんかい
6 ほとけさま
7 たも
8 べんごし
9 へんせい
10 ぶつぞう
11 ほうどう
12 はかまい

P.123
2
1 エ
2 エ
3 ウ
4 ア
5 イ
6 イ
7 エ
8 ウ
9 ウ
10 ア

3
1 厚
2 熱
3 写
4 移
5 報
6 放
7 肥
8 費
9 判
10 飯
11 犯

P.124
4
1 予報
2 駅弁
3 報告
4 墓
5 粉雪
6 編
7 保管
8 花粉
9 弁当
10 編集
11 保育
12 仏

ステップアップメモ

知（し）らぬが仏（ほとけ）　知れば腹（はら）が立つことでも、知らないままでいれば仏のようなおだやかな心でいられるということ。また、物事について本人だけが知らないでいるのを、ばかにしていう言葉。

ステップ 25

1 P.126

1 ゆめ　2 あば　3 さんみゃく　4 つと　5 ぼうさい　6 まよ　7 むちゅう　8 ほうさく　9 じむ　10 ぼうえきこう　11 ふせ　12 ぼうりょく

2 P.127

1 適　2 復　3 断　4 破　5 益　6 備　7 務　8 保　9 独　10 版

3

1 イ　2 ウ　3 ア　4 イ　5 エ　6 ア　7 ウ　8 ア　9 ウ　10 エ

4 P.128

1 暴風　2 脈　3 迷　4 初夢　5 責務　6 貿易　7 務　8 豊富　9 悪夢　10 防　11 暴　12 予防

ステップアップメモ

務(つと)める　役目や仕事を受け持つ。「司会を務める」 注「努める」（努力する）と区別しましょう。

脈(みゃく)　心臓(しんぞう)の動きに合わせた、血管の規則的な動き。

ステップ 26

1 P.130

1 めんおりもの　2 れきだい　3 りゃく　4 るすばん　5 ようき　6 ゆにゅう　7 と　8 あま　9 わたげ　10 ようりょう　11 きょよう　12 あま

2 P.131

1 4・12　2 1・5　3 3・6　4 7・8　5 4・14　6 9・12　7 11・13　8 6・7　9 9・12　10 6・8

3

1 サ　2 ク　3 ウ　4 シ　5 エ　6 ケ　7 キ　8 オ　9 ア

4 P.132

1 綿雲　2 輸出　3 大統領　4 略図　5 歴史　6 内容　7 留学　8 綿　9 余分　10 容易　11 計略　12 余

ステップアップメモ

輸入(ゆにゅう)　品物を外国から買い入れること。

留学(りゅうがく)　ある期間、外国の学校などで勉強すること。

計略(けいりゃく)　自分のいいように物事を進めるための計画。

力だめし 第5回

1 (P.133)

1 そな　2 そくほう　3 ぬのじ
4 だいぶつ　5 いんしょう　6 げいのう
7 へんせい　8 あ　9 こむぎこ
10 ふんまつ

2

1 告げる　2 増える　3 保つ　4 燃える
5 豊かな　6 暴れる　7 比べる　8 修める
9 貧しい　10 測る

3 (P.134)

1 輪　2 領　3 限　4 夢　5 非
6 絶　7 格　8 貿　9 状　10 徳

4

1 8・13　2 11・14　3 2・11
4 13・15　5 11・15

5

1 イ　2 ウ　3 ア　4 エ　5 ア
6 ウ　7 イ　8 ウ　9 エ　10 イ

6 (P.135)

1 オ　2 ウ　3 コ　4 シ　5 エ
6 キ　7 ス　8 ア　9 ケ　10 サ

7

1 停　2 独　3 略　4 費　5 復
6 得　7 損　8 質　9 解　10 像

8 (P.136)

1 ウ　2 エ　3 ア　4 ウ　5 イ
6 エ　7 ア　8 ウ　9 イ　10 エ

9

1 犯罪　2 有毒　3 貯金　4 評判
5 総出　6 先導　7 破　8 任
9 迷　10 世紀

ステップアップメモ

速報（そくほう）　できごとについて速く知らせること。
復路（ふくろ）　帰りの道。［対］往路
単複（たんぷく）　単純（たんじゅん）なことと複雑なこと。

6級 総まとめ 標準解答

(一) 読み (20)

1	2	3	4	5	6	7	8	9	10
きゅうゆう	べんごし	ぬの	こうろ	ひと	こうぞう	しょうどく	かんそく	あま	こうざん

1×20

(二) 漢字と送りがな(ひらがな) (10)

1	2	3	4	5
比べる	務める	迷う	破る	再び

2×5

(四) 画数(算用数字) (10)

1	2	3	4	5	6	7	8	9	10
2	12	5	8	9	10	2	6	6	13

1×10

(六) 三字のじゅく語(一字) (20)

1	2	3	4	5	6	7	8	9	10
統	経	準	非	暴	能	似	属	素	犯

2×10

(八) じゅく語作り(記号) (12)

1	2	3	4	5	6
シ	ウ	キ	オ	ア	サ

2×6

(九) 音と訓(記号) (20)

1	2	3	4	5	6	7
ウ	ア	エ	イ	ウ	イ	ア

2×10

(十) 漢字 (40)

1	2	3	4	5	6	7	8	9	10
殺	貸	歴代	建設	告白	清潔	久	燃	防災	禁止

2×20

11	12	13	14	15	16	17	18	19	20
くとうてん	こうしゃ	ひょうばん	げんいん	こころざ	がんか	じょうけい	かいてき	たし	そんき

(三) 部首名と部首 (10)

1	2	3	4	5	6	7	8	9	10
ウ	貝	カ	土	ク	禾	キ	頁	オ	心

1×10

(五) じゅく語の構成(記号) (20)

1	2	3	4	5	6	7	8	9	10
エ	イ	ア	ウ	エ	ウ	イ	ウ	ア	イ

2×10

(七) 対義語・類義語(一字) (20)

1	2	3	4	5	6	7	8	9	10
得	断	則	容	祖	職	夢	導	留	版

2×10

8	9	10
イ	エ	ア

(十) 同じ読みの漢字 (18)

1	2	3	4	5	6	7	8	9
永	衛	証	招	織	折	限	現	減

2×9

11	12	13	14	15	16	17	18	19	20
仏像	実際	備	演技	輸入	逆	幹	貿易	感謝	勢

◆漢字の画数を数えると？の答え◆

答え　喜

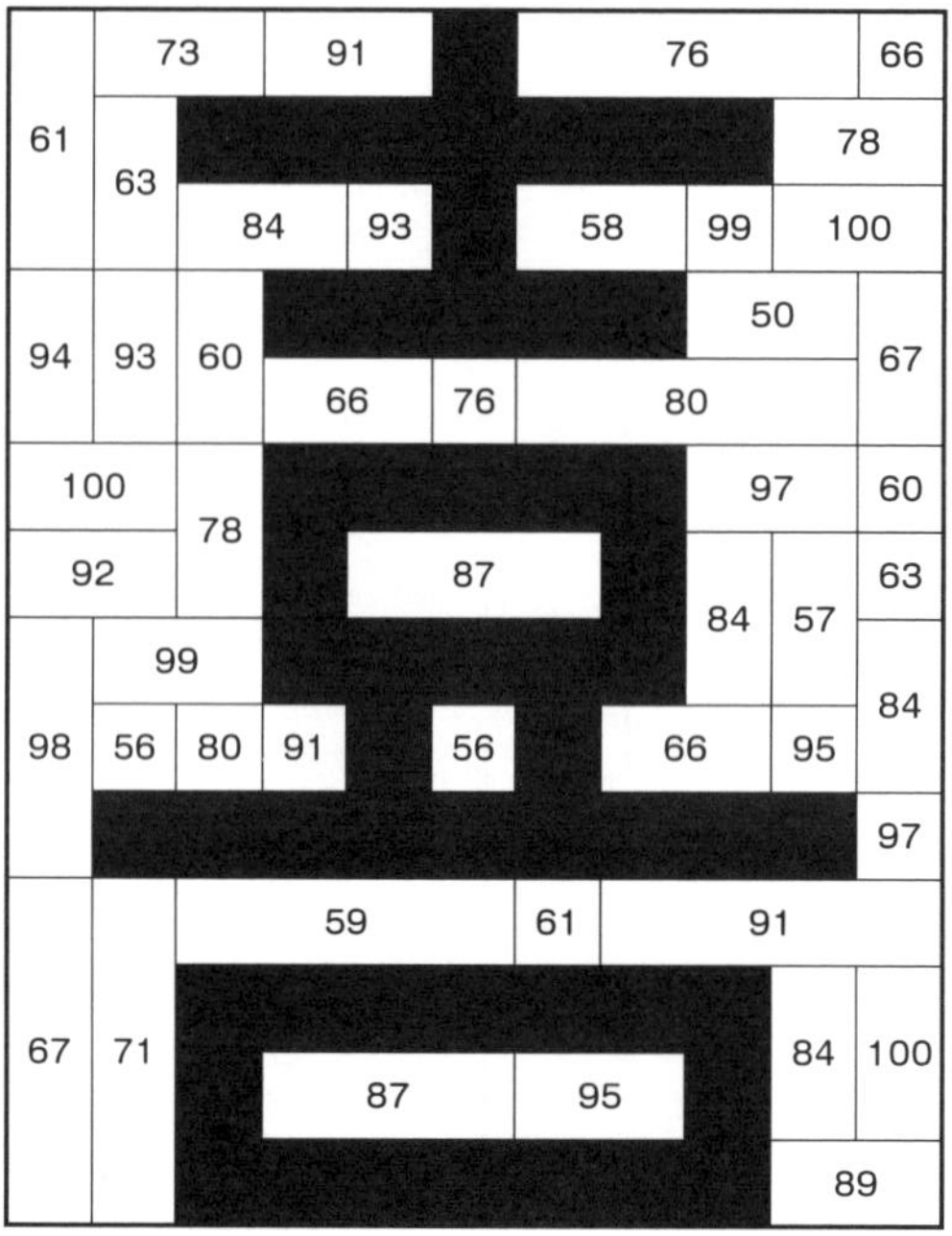

◆クイズであそぼ！の答え◆

クイズであそぼ！①

答え　①移　②解

クイズであそぼ！②

答え　①氏　②逆　③丁　④弓　⑤快

クイズであそぼ！③

答え　①眼　②境　③群　④技　⑤個　⑥禁

クイズであそぼ！④

答え　①際　②護　③潔　④混　⑤衛　⑥採

クイズであそぼ！⑤

答え　①経・続・織・給
②辺・述・連・過
③許・識・講・証

クイズであそぼ！⑥

答え　①性　②現　③罪

クイズであそぼ！⑦

答え　格言→言動→動物→物質→質素→素材→材料→
料理→理科→科学→学問→問題→題名→名所→
所有→有意→意中→中止→止血→血液→液体→
体格

［6級解答］

クイズであそぼ！⑧

答え　貨・賛・資・質・責・貸（順不同）

都道府県名

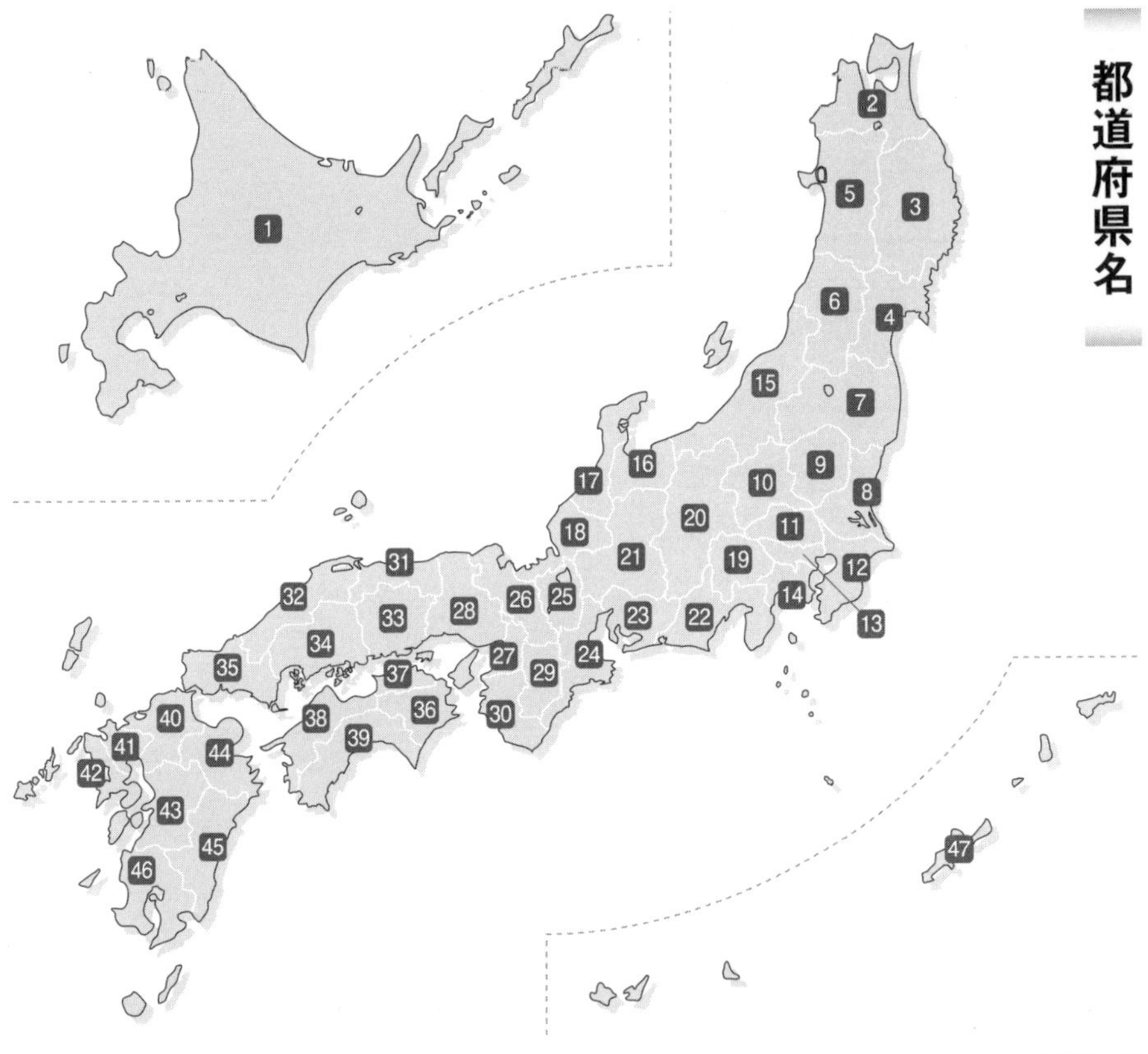

1	2	3	4	5	6	7	8	9	10	11	12	13	14	15	16
北海道（ほっかいどう）	青森県（あおもりけん）	岩手県（いわて）	宮城県（みやぎ）	秋田県（あきた）	山形県（やまがた）	福島県（ふくしま）	茨城県（いばらき）	栃木県（とちぎ）	群馬県（ぐんま）	埼玉県（さいたま）	千葉県（ちば）	東京都（とうきょうと）	神奈川県（かながわ）	新潟県（にいがた）	富山県（とやま）

17	18	19	20	21	22	23	24	25	26	27	28	29	30	31	32
石川県（いしかわ）	福井県（ふくい）	山梨県（やまなし）	長野県（ながの）	岐阜県（ぎふ）	静岡県（しずおか）	愛知県（あいち）	三重県（みえ）	滋賀県（しが）	京都府（きょうとふ）	大阪府（おおさか）	兵庫県（ひょうご）	奈良県（なら）	和歌山県（わかやま）	鳥取県（とっとり）	島根県（しまね）

33	34	35	36	37	38	39	40	41	42	43	44	45	46	47
岡山県（おかやま）	広島県（ひろしま）	山口県（やまぐち）	徳島県（とくしま）	香川県（かがわ）	愛媛県（えひめ）	高知県（こうち）	福岡県（ふくおか）	佐賀県（さが）	長崎県（ながさき）	熊本県（くまもと）	大分県（おおいた）	宮崎県（みやざき）	鹿児島県（かごしま）	沖縄県（おきなわ）